Karl Steinbuch
Kurskorrektur

Karl Steinbuch

Kurskorrektur

Seewald Verlag

Siebte Auflage 1973

Schutzumschlag von Hartmut Baumann
Graphische Darstellungen:
Industriewerbung Schindler, Stuttgart
Gesamtherstellung:
Wilhelm Röck, Weinsberg
Gesetzt in der Linotype Trump-Mediävel
ISBN 3 512 00310 9
Printed in Germany

Inhalt

Vorwort 9

Weshalb fällt es uns so schwer,
unsere Probleme zu lösen? 11

Unzeitgemäßes über Organisation,
Verhalten und Ideologie 28

Über die Minderheit,
die den Wohlstand der Mehrheit schafft 46

Aus schlechter Philosophie
kommt falsches Verhalten 57

Information und Gesellschaft 70

Die vergiftete Gesellschaft 89

Vom Selbstmordprogramm
zur Überlebensstrategie 106

Von der Futurologie
zur Systemwissenschaft 124

Kurskorrektur 135

Grundsätze
für unser Zusammenleben 160

Literaturhinweise 165

Quellenhinweis 167

Kurskorrektur

Des guten Lebens überdrüssig und auch leichtfertig
gerieten wir auf diesen Kurs,
der so viel versprach,
uns aber kein besseres Leben
und mehr Gerechtigkeit brachte,
nur mehr Klassenkampf und mehr Haß
und (wie ich fürchte) zunehmendes Chaos.
Diesen Kurs müssen wir korrigieren.

Die reden schon offen vom Marsche auf Bonn,
sie wollen eine andere Republik,
die wir nicht haben wollen:
Wo Demokratie aus Megaphonen kommt
und man in Spiegelschrift denkt.
Dort halten dann Funktionäre
Menschen ohne Knochen und Schließmuskel
freischwebend in lauwarmer Nährlösung.

Hiergegen leiste ich Widerstand:
Daß wir uns selbst
mit Wörtern über die Wirklichkeit betrügen,
daß wir uns der Kompetenz
der Inkompetenten beugen
und im Bauche eines Trojanischen Pferdes
die schiefe Ebene hinab jubilieren,
deren Ende keiner kennt.

Die arbeitende und denkende Mehrheit
soll sich nicht länger für dumm verkaufen lassen,
sie soll das Geschäft mit der Verantwortungslosigkeit
nicht länger honorieren,
sondern sich endlich stellen.
Sie soll aus der Geschichte lernen
und den Kurs korrigieren,
solange sie ihn noch korrigieren kann.

Vorwort

Marx meinte, es käme darauf an, die Welt zu verändern. Ich meine, es kommt darauf an, sie ein bißchen menschlicher zu machen. Was wir über Marx hinaus brauchen, ist nicht nur eine materielle Lebensqualität, sondern sind bewußte Entwürfe, die auch spezifisch menschliche Ansprüche wie Freiheit, Geborgenheit, Muße und Eigentum befriedigen.

An die Stelle orientierungsloser Progressivität muß eine human wertende Zukunftsplanung treten. HUMAN: Sind dies nicht Orientierungen, Denk- und Verhaltensformen, die aus einer langen menschlichen Geschichte, aus vielen kreativen Akten und sozialen Prüfungen erwuchsen und als kultureller Besitz auf uns kamen – respektabel auch dann, wenn wir ihre Entstehung rational nicht nachvollziehen können?

Eine humane Zukunftsplanung kommt m. E. nicht ohne eine bewußte Klärung der Normen unseres Zusammenlebens aus. Hierbei geht es nicht notwendig um übergeordnete Weltdeutungen oder religiöse Begründungen, vielmehr um eine anspruchslose Einigung, nach welchen Grundsätzen wir zusammenleben wollen. Dieser Minimalkanon sollte Problemlösungen erleichtern, die Konflikte und informationelle Vergiftung verringern, unsere Bürger verblüffungsfester machen, zur besseren Ordnung unserer Strukturen und besseren Planung unserer Zukunft beitragen und deutlich machen, womit wir uns identifizieren.

Ein solches Denken ist auch notwendig, um Pseudoreformen auf Kosten der Zukunft zu vermeiden und die hemmungslose Traditionsvernichtung nicht als einen erfreulichen Prozeß zu bejubeln.

Eine humane Zukunftsplanung darf auch keine diffamierten Negativgruppen einplanen, sie muß Sorge für alle tragen.

Humanität ist zwar mehr als Lebensqualität, aber sie muß auch auf die Erhaltung der menschlichen Umwelt achten. Hierzu, zum Übergang vom Selbstmordprogramm zur Überlebensstrategie, brauchen wir menschliche Solidarität, einen Minimalkanon der Normen unseres Zusammenlebens.

Dieses Buch ist nicht monolithisch: Seine Kapitel entstanden aus verschiedenen konkreten Anlässen. Hierbei ist es erstaunlich, daß die verschiedenen Überlegungen zu derselben Einsicht führen: Ein menschenwürdiges Leben in der Zukunft setzt eine Korrektur des bisherigen naiven Zusammenlebens voraus, vor allem ein Bewußtsein dessen, was uns als Menschen verbindet.

Diese Kurskorrektur soll kein parteipolitisches Instrument sein: Die Probleme, um deren Lösung es hier geht, sind unsere gemeinsamen Probleme.

Januar 1973 — Karl Steinbuch

Weshalb fällt es uns so schwer, unsere Probleme zu lösen?

1965 entdeckten wir die Bildungskatastrophe. Wir hielten sie jahrelang für das wichtigste innenpolitische Problem, produzierten zahllose Publikationen, Konferenzen, Regierungserklärungen usw. und gaben hohe Milliardenbeträge aus. Das Problem wurde aber nicht gelöst, man hat es jetzt einfach satt, noch länger darüber zu sprechen.

1968 entdeckten wir die »technologische Lücke«. Wir hielten sie jahrelang für eines unserer wichtigsten Probleme, produzierten wieder viele Publikationen, Konferenzen, offizielle Erklärungen und gaben hohe Beträge aus. Das Problem wurde aber nicht gelöst, es wurde zwischenzeitlich vergessen.

Seit Jahren beklagen wir das »Gemetzel, das man Verkehr nennt« mit seinen 20000 Toten und 500000 Verletzten in jedem Jahr, dazu Sachschäden in Milliardenhöhe. Aber das Gemetzel wird nicht beendet, man gewöhnt sich daran.

Seit Jahren wird die Unwirtlichkeit unserer Städte beklagt, aber sie ändert sich kaum. Ob die Zerstörung unserer Umwelt tatsächlich wirksam abgewendet wird, erscheint trotz einiger Anfangserfolge zweifelhaft.

Das uralte Generationenproblem wird in unserem Lande allmählich unlösbar: Die nächste Generation will großenteils unsere Kultur nicht übernehmen und weiterentwickeln, sondern lehnt »dieses System« vielfach ab und will es »überwinden« oder zerstören. Schon die Erhaltung rechtsstaatlicher Grundsätze innerhalb unserer Hochschulen wird allmählich zum unlösbaren Problem.

Ich halte es angesichts solcher Erfahrungen gar nicht für das Wichtigste, sich noch für die Lösung derartiger Probleme zu engagieren. Wichtiger erscheint mir die Frage:

Weshalb fällt es uns so schwer, unsere Probleme zu lösen?

Zu dieser Frage gibt es einige leichte Antworten, die aber nicht zum Kern der Sache durchstoßen und deshalb unsere Problemlösungsunfähigkeit noch vergrößern. So kann man beispielsweise die Mißerfolge nicht durch das Klassenkampfschema erklären: Keine »Klasse« ist gegen Bildungsreform, gegen Schließung der technologischen Lücke, für das Gemetzel auf unseren Straßen, für die Unwirtlichkeit unserer Städte oder für die Zerstörung unserer Umwelt. (Selbst A. Mitscherlich, der 1966 den Hausbesitzern »Dienst am Todestrieb unserer Zivilisation« vorwarf[1], hat es 1968 gemerkt[2]: Die »sozialistischen« Gesellschaften verhielten sich »noch roher, das Individuum verachtend«.)

Eine Fehldiagnose ist auch die Anklage der schlechten Organisationsstrukturen: Man kann auch mit schlechten Organisationen Probleme lösen, wenn die Sachverhalte ähnlich verstanden und die Entscheidungsalternativen ähnlich bewertet werden, aber man kann in einer Demokratie auch mit einer guten Organisation keine Probleme lösen, wenn in der Sachbeurteilung und in der Bewertung der Entscheidungsalternativen nicht eine minimale Übereinstimmung besteht.

So kann beispielsweise der ständige Mißerfolg unserer Bildungspolitik in erster Linie nicht auf die »kabarettreife Zahl von Kommissionen« zurückgeführt werden[3], er beruht vielmehr auf der widersprüchlichen Beurteilung der Sachverhalte und auf der fehlenden Übereinstimmung in den Zielen. Deshalb helfen uns auch immer neuere und immer »progressivere« Bildungspläne nicht.

Aber ebensowenig kann unser Bildungssystem durch Polizei-Einsatz in Ordnung gebracht werden: Hierzu muß man eine geistige Auseinandersetzung wagen und gewinnen, nicht aber eine mit dem Gummiknüppel.

Die Geschäftigkeit der Verantwortlichen mit Nebensächlichkeiten und ihre Unaufmerksamkeit für das Wesentliche hat schlimme Folgen: Viele Veränderungen, z. B. im Bildungsbereich, entstammen einer eingeschmuggelten Ideologie, deren Fremdheit die Zuständigen nicht bemerken und über deren Folgen sie kaum nachgedacht haben. Sie sind vor allem kaum vereinbar mit dem, was die meisten Bürger und ihre parlamentarischen Vertreter tatsächlich wollen.

Unsere gegenwärtige politische Landschaft erscheint als Endphase pragmatischer Politik: Man kann zwar einfache Systeme ohne Theorie kontrollieren, nicht aber hochkomplexe. So kann man beispielsweise ein einfaches Auto auf unbelebter Straße in Versuch und Irrtum fahren. Ein Düsenflugzeug in Versuch und Irrtum fliegen zu wollen, endet sicher katastrophal. Komplexe Systeme können nicht nach Anschauung, in Versuch und Irrtum, mit dem gesunden Menschenverstand pragmatisch kontrolliert werden, die intuitiven Lösungen sind häufig falsch und wirken anders als erwartet wird. Vor allem muß sich jeder, der sich nicht verirren will, seine Ziele bewußt machen.

Um unsere deprimierende Unfähigkeit zur Lösung unserer Probleme zu verstehen, muß man wohl den Vorgang der Problemlösung grundsätzlicher betrachten. Dabei stößt man auf die beiden wesentlichen Zutaten der Entscheidung: einerseits das Sachverständnis und andererseits die Bewertung möglicher Entscheidungsalternativen.

Unserer Gesellschaft fällt die Lösung ihrer Probleme deshalb so schwer, weil weder im Sachverständnis noch in der Bewertung möglicher Entscheidungen ausreichende Übereinstimmung besteht, also praktisch alle Voraussetzungen fehlen, die zur Lösung unserer lebenswichtigen Probleme notwendig sind.

Diese Ursachen der Problemlösungsunfähigkeit sind zwar nicht auf unser Land beschränkt, aber der Stau ungelöster Probleme, die Sprachverwirrung und die Widersprüche in den Bewertungen sind bei uns besonders groß.

Ein Symptom dieser allseitigen Verwirrung ist die wachsende Tendenz zu simplifizierenden Denkmodellen: Imperialismus, Kapitalismus, Faschismus, Kommunismus, Sozialismus, Demokratisierung, Emanzipation, Technokratie usw. Derartige Simplifikationen beherrschen die Kommunikation und die öffentliche Auseinandersetzung; so wenig Klarheit auch über sie besteht, so wirksam sind sie für die Meinungsmanipulation.

Um diese Entwicklung zu verstehen, muß man wohl beachten:

Die Komplexität unserer Welt überfordert
das menschliche Bewußtsein.

Man nimmt unausgesprochen an, jeder beliebig komplexe Sachverhalt, sofern er nur in angemessener Weise erklärt wird, müßte auch verstanden werden können. Diese Annahme erweist sich als falsch: Sachverhalte, die eine bestimmte Komplexität überschreiten, können auch nach beliebig ausführlicher Erklärung nicht erfaßt oder bewertet werden.

Bei einem Computer ist dies offensichtlich: Was seine Speicherkapazität und Verarbeitungsgeschwindigkeit überfordert, kann eben nicht geleistet werden. Im menschlichen Gehirn wirken zwar ganz andere Strukturen, aber auch sie sind außerstande, Probleme zu verarbeiten oder zu bewerten, die ihre Kapazität überschreiten. Die Begriffe »Bewußtseinsenge« oder »Vergessenskurve« erinnern an die hier gemeinte quantitative Beschränktheit des menschlichen Bewußtseins.

Hier soll auf eine informationstheoretische Analyse verzichtet, dafür eine anschauliche Betrachtung benutzt werden. Dabei spielt der Begriff »Komplexität« eine Rolle, er ersetzt hier das abstrakte informationstheoretische Maß.

Um das Denken und Verhalten z. B. eines Neandertalers zu beschreiben, kommt man wohl mit einigen Dutzend Begriffen aus: Hunger, Durst, Jagen, Sammeln, Essen, Trinken, Schlafen, Höhle usw. Um jedoch das Denken und Verhalten »typischer« Menschen unserer Zeit zu beschreiben, kommt man sicher nicht mit einigen Dutzend Begriffen aus, hierzu braucht man Tausende oder Zehntausende Begriffe.

Mit dieser unterschiedlichen Anzahl notwendiger Begriffe ist anschaulich gesagt, was unter der größeren Komplexität der heutigen Welt verstanden wird.

Daß die Primitiven tatsächlich in einer ähnlich komplexen Welt wie die Modernen lebten, weiß man zwar jetzt rückblickend, aber dies ändert an deren vermutlicher subjektiver Haltung nichts: Was bei den Primitiven der einzelne nicht verstand, rechnete er wohl meist unverstandenen Mächten zu, deren Drohung eher eine solidarisierende Wirkung hatte, während bei den Modernen das nur von anderen Verstandene meist Mißtrauen begründet (erinnert sei an den polemischen Begriff »Herrschaftswissen«).

Mit Bild 1 soll die Zunahme der Komplexität der menschlichen Welt angedeutet werden: Die Zeit läuft von unten nach oben, die jeweilige Komplexität ist durch die horizontale Breite des Trichters gekennzeichnet.

Die Zunahme ist in verschiedenen Entwicklungsabschnitten durch unterschiedliche Mechanismen bestimmt: In der biologischen, vormenschlichen Vorgeschichte folgte die Entwicklung der Arten dem Mechanismus, den wir seit Ch. Darwin im Prinzip verstehen. Durch zufällige Mutation und Selektion entwickelten sich immer komplexere tierische und pflanzliche Arten. In Milliarden von Jahren entstanden aus

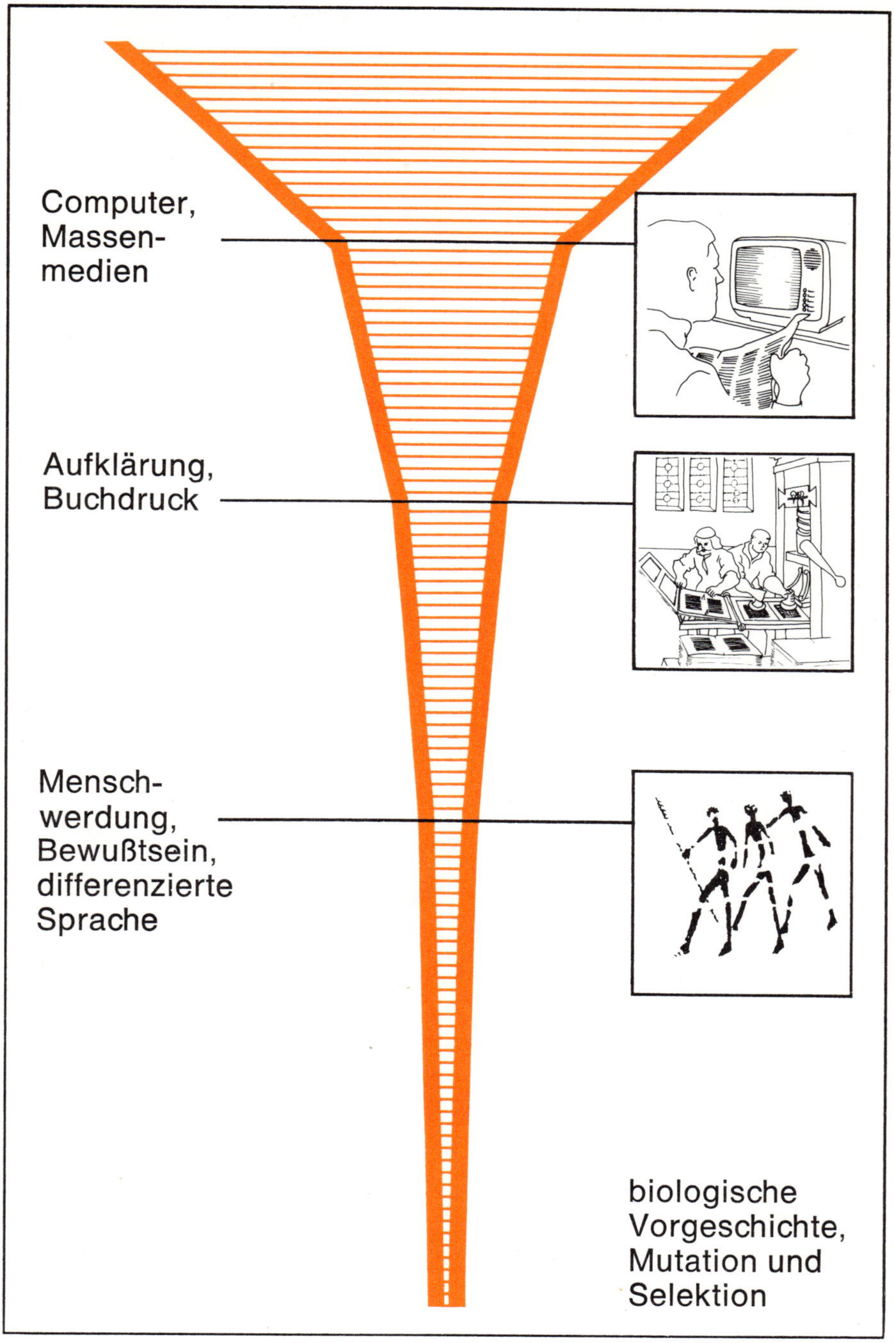

1. Die Komplexität der menschlichen Welt nahm im Laufe der biologischen und historischen Entwicklung immer rascher zu.

der Ursuppe der Einzeller, die Säugetiere und schließlich – vor etwa einer Million Jahren – das aufregende Tier, das man nicht genau kennt und aus dem sich später der Mensch entwickeln sollte. So erstaunlich diese Entwicklung auch ist, sie spielte sich doch ungeheuer langsam ab, sie wird nach Milliarden Jahren gemessen.

Die Menschwerdung markiert die zweite Phase der Entwicklung (gemäß Bild 1): Der Mensch unterscheidet sich von seinen vormenschlichen Ahnen nicht nur durch anatomische Besonderheiten, wie z. B. aufrechtem Gang und besonders geschickter Hand, sondern vor allem durch informationelle Besonderheiten: Er kann nicht nur, was ihm angeboren ist oder von anderen vorgemacht wird, sondern er kann viel mehr, vor allem mit dem Bewußtsein Verhaltensformen vor ihrer Verwirklichung erst einmal im Kopfe durchspielen und prüfen, was ihre Folgen sein werden. Er kann Verhaltensformen vermeiden, deren Folgen unerwünscht sind und solche verwirklichen, die ihm nützen. Manchen gelingt es sogar, ganz neue Verhaltenselemente zu erfinden, also kreativ zu sein. Gleichzeitig entwickelt sich die menschliche Sprache als ein informationelles Vehikel, welches die Übertragung von Erfahrungen von einem Menschen zum anderen ermöglicht: Neue Verhaltenselemente sind nicht mehr der einsame Besitz ihres Erfinders oder Entdeckers, sondern können an eine Vielzahl von Menschen, an die Gesellschaft weitergegeben werden. Durch diese beiden Neuerwerbungen – Bewußtsein und Sprache – entwickeln sich rasch komplexe Lebensformen. Die Zeitmaßstäbe sind jetzt nicht mehr Jahrmilliarden, sondern Jahrtausende.

Aufklärung und Buchdruck markieren die nächste Zäsur. War es vorher üblich, Denk- und Verhaltensformen möglichst unverändert weiterzugeben, so forderte die Aufklärung, daß jeder seinen Verstand ohne fremde Leitung benutzen solle. Die Abweichung von tradierten Denk- und Verhaltensformen wurde plötzlich höher geachtet als ihre Konservierung. Dazu kam die viel raschere Verbreitung neuer Gedanken durch den Buchdruck: War es vorher Minderheiten vorbehalten, fremde Informationen durch Briefe oder handgeschriebene, teure Bücher zu empfangen, so wurde es plötzlich eine Sache vieler, gedruckte Bücher zu lesen und eigene Denkmodelle mit fremden anzureichern. Diese beiden Neuerungen – Buchdruck und sozialer Anreiz zur Kreativität – führten zu einem weiter beschleunigten Wachstum der Komplexität. Die Veränderungen werden jetzt nicht mehr nach Jahrtausenden gemessen, sondern nach Jahrhunderten.

Die letzte Zäsur ist überwiegend technisch. Durch den Computer erhält das menschliche Gehirn Konkurrenz bei der Tätigkeit, die bisher sein Monopol war, nämlich Informationen verschiedener Herkunft oder verschiedener Bedeutung in zweckmäßiger Weise miteinander zu verknüpfen. Der Computer überholt das menschliche Gehirn sowohl hinsichtlich der Speicherkapazität als auch hinsichtlich seiner Verarbeitungsfähigkeit, er wird ein immer überlegeneres Substitut des menschlichen Gehirns. (Daß der Computer außerstande ist, dem Menschen moralische Orientierungen zu geben, sei – angesichts ortsüblicher Mißverständnisse – ausdrücklich festgestellt.) Gleichzeitig entwickeln sich die elektronischen Medien, vor allem Hörrundfunk und Fernsehrundfunk. Mit ihnen können neue Entdeckungen und Erfindungen schnell nicht nur an räumlich nahe Menschen, sondern über die ganze Erde verbreitet werden. Die beiden neuen Techniken, Computer und elektronische Massenmedien, bewirkten ein zusätzlich beschleunigtes Wachstum der Komplexität. Das angemessene Zeitmaß ist jetzt nicht mehr das Jahrhundert, vielmehr ereignen sich grundlegende Veränderungen in wenigen Jahren.

Wohl das spektakulärste Beispiel hierfür ist die Landung der ersten Menschen auf dem Mond: Was noch vor zwanzig Jahren als unglaubwürdige Phantasterei abgetan werden konnte, ist heute beinahe eine Banalität.

Das menschliche Bewußtsein bleibt immer weiter hinter der wachsenden Komplexität der Realität zurück. Von G. W. Leibniz wurde gesagt, er hätte noch eine vollständige Übersicht über das gesamte Wissen seiner Zeit – des 17. Jahrhunderts – gehabt. Vergleichbares kann sicher von keinem unserer Zeitgenossen mehr behauptet werden, für ein einzelnes Gehirn sind nur noch winzige Teile des heutigen Wissens übersehbar. Kennzeichnend hierfür ist die verbreitete Klage über die Spezialisierung unseres Wissens und das Überangebot an Informationen, die »Informationslawine«.

Um mit dem begrenzten Gehirn der übergroßen Komplexität noch einigermaßen gerecht zu werden, entwickelte die menschliche Art eine bemerkenswerte Denktechnik: das Denken in Modellen. Diese ist aus zwei verschiedenen Gründen interessant: Einerseits zeigt sie die Raffinesse des menschlichen Gehirns, sich mit Problemen auseinandersetzen, die es eigentlich überfordern, und andererseits werden durch diese Denktechnik Tür und Tor geöffnet für die unbewußte Verhaltenssteuerung, die Manipulation. In unserer Zeit kommt die Lüge ja meist nicht mehr als Negation der Wahrheit, sondern als falsches Denkmodell.

Die Denkmodelle sind ebenso vielfältig wie die Objekte und Methoden unseres Denkens. Manche Denkmodelle beziehen sich auf konkrete, beobachtbare Sachverhalte der Außenwelt, andere beziehen sich auf höchst abstrakte gedankliche Operationen. Manche Denkmodelle entstammen dem vorwissenschaftlichen Denken, wie z. B. die »Vorsehung«, andere sind das Ergebnis wissenschaftlichen Denkens, wie z. B. der »genetische Code«.

Der erwachsene Mensch hat viele Eindrücke von der Außenwelt aufgenommen. Auch wenn er sie nicht wahrnimmt, existiert die Außenwelt als ihr unvollkommenes Abbild in ihm. Ohne daß er die Objekte materiell vor sich hat, kann er Aussagen über sie machen, z. B. ein Haus beschreiben, oder angeben, wie sie auf bestimmte Eingriffe reagieren, z. B. das Auto, wenn er auf das Bremspedal drückt. An den inneren Modellen kann man also probieren, was man tun muß, um bestimmte Wirkungen zu erzielen. Diese inneren Modelle haben sich im Laufe des Lebens durch Lernvorgänge, praktische Problemlösungen und durch gesellschaftliche Kommunikation gebildet.

Eine wichtige Voraussetzung des Denkens in Modellen ist, daß die Modelle die realen Sachverhalte möglichst exakt abbilden. Die Erkenntnistheorie versucht zu zeigen, wie aus der wahrgenommenen Realität Denkmodelle entstehen können oder sollen.

Die Naturwissenschaften benutzen vielerlei Modelle: Atommodelle, Molekülmodelle, Entwicklungsmodelle, Verhaltensmodelle usw. ... Die Ökonomen sprechen von Marktmodellen, die Soziologen von Gesellschaftsmodellen, und philosophische Haltungen sind durch bestimmte Modellvorstellungen geprägt (von denen vermutet wurde, daß sie vielfach bis auf das archaische Erbe des Menschen zurückgehen).

Wohin wir also sehen: In allen wissenschaftlichen und nichtwissenschaftlichen Bereichen finden wir Denkmodelle, welche offensichtliche Bezüge zu Objekten der Realität haben, sich aber offensichtlich von ihnen auch wieder unterscheiden.

Modelle unterscheiden sich in irgendwelchen Merkmalen von ihren Originalen – sonst wären sie nicht deren *Modelle*; aber sie haben auch manches mit ihnen gemeinsam – sonst wären sie nicht *deren* Modelle. Weshalb bevorzugt das menschliche Gehirn Modelle gegenüber den Originalen? Dies kann so begründet werden: Die Anwendung von Modellen ist meist ökonomischer als die Anwendung der Originale bzw. deren informationeller Kopien.

Dazu kommt noch ein zweiter Gesichtspunkt: Wenn das Bewußtsein über einen bestimmten Vorrat an Denkmodellen verfügt, so versucht es, auch neu aufkommende Erfahrungen mit Hilfe dieser schon verfügbaren Denkmodelle zu verstehen. Typisch hierfür sind die neu aufkommenden Erfahrungen mit der Elektrizität im 19. Jahrhundert: Man versuchte, sie auf mechanische Denkmodelle zurückzuführen. Heutzutage benutzt man oft ganz andere Denkmodelle: So versucht man meist, mechanische Zusammenhänge in elektrischen Ersatzschaltungen abzubilden.

Auch andernorts verändern sich die Denkmodelle. So konnte man beispielsweise im 19. Jahrhundert viele soziale Probleme durch das Klassenkampfmodell erklären, während in unserer Zeit den »Klassen« keine angebbare Realität mehr entspricht und das Denkmodell »Klassenkampf« kaum mehr zu Problemlösungen brauchbar ist.

Modelle sind oft durch bestimmte Interessenlagen fixiert: Wie bezeichnet man beispielsweise den Menschen ohne Uniform, der aus dem Busch auf Soldaten schießt? Ist er ein Mörder, ein Partisan oder ein Freiheitskämpfer? Für die Auswahl dieser Denkmodelle gibt es kein verbindliches Kriterium, ihr Ergebnis hängt ausschließlich von den Sympathien und Antipathien des Beobachters zum Mann im Busch und zum Soldaten ab. Hier zeigt sich die Schwierigkeit der Abgrenzung zwischen Sachverstand und Bewertung.

Modelle sind stets vereinfachende Repräsentanten der Realität – sonst bewirken sie keine Verbesserung der Denkökonomie, und ihre Benutzung ist eigentlich nicht begründbar. Die unvermeidbare Vereinfachung, welche Denkmodelle stets enthalten, kann immer aus irgendeiner Betrachtungsrichtung als »Simplifikation« abgewertet werden. Es ist deshalb kein grundsätzlich vernichtendes Argument, wenn festgestellt wird, ein Denkmodell stelle eine Simplifikation dar. Die entscheidende Frage ist ausschließlich, ob die Benutzung eines Denkmodells bei der Behandlung eines Problemtyps regelmäßig weiterführt. Es ist auch möglich, daß ein und dasselbe Denkmodell bei der Lösung unterschiedlicher Probleme einmal nützlich und einmal unbrauchbar ist.

Ein Beispiel für die verhängnisvolle Übertragung respektabler Denkmodelle von Bereichen, in denen sie zur Lösung unserer Probleme nützlich sind, in andere Bereiche, in denen sie ungeeignet sind, ist das Einschmuggeln des Denkmodells »Demokratisierung« vom parlamentarischen in einen anderen Bereich, beispielsweise in die Universität.

Die Spielregeln demokratischer Willensbildung sind dort angebracht, wo unterschiedliche politische Interessen in einen möglichst guten Kompromiß zu gemeinsamem politischen Handeln eingebracht werden sollen, wo Machtmißbrauch verhindert und Minderheiten geschützt werden sollen.

Die Spielregeln demokratischer Willensbildung sind aber dort nicht angebracht, wo die Aufgabe durch parlamentarische Gremien vorgegeben ist und es darum geht, diese wirkungsvoll zu erfüllen: Durch die dem Parlament nachgeschaltete »Demokratie« entzieht sich das beauftragte Organ tatsächlich dem demokratischen Auftrag.

Offensichtlich kann durch die Übertragung eines Denkmodells seine ursprüngliche Wirkung in ihr Gegenteil umschlagen. Das Denkmodell »Demokratisierung« führt – am falschen Ort gebraucht – zur Entdemokratisierung.

Umgekehrt wird das Denkmodell »Hierarchie« manipuliert: Obwohl Sachverständige es längst wissen, daß arbeitsteilige Strukturen nicht anders als hierarchisch aufgebaut werden können, auch irgendwelche Alternativen weder im Osten noch im Westen bekannt sind, hat unsere zeitgenössische Gesellschaftskritik das Denkmodell »Hierarchie« so diffamiert, daß es zum handlichen Zerstörungswerkzeug in der Wirtschaft, im Staat und besonders in den Universitäten wurde. Mit diesem Manipulationswerkzeug braucht man gar nicht mehr einzugestehen, daß man dieses politische System zerstören will, man will angeblich nur »herrschaftsfreie Strukturen« aufbauen: Unser System wird damit gestört und zerstört, ohne daß man dies zugeben muß.

Denkmodelle sind nicht auf die passive Wahrnehmung beschränkt, es gibt auch Modelle, die das aktive Verhalten bestimmen: Man spielt eine gewisse »Rolle«, »wie er sich räuspert und wie er spuckt ...«. Gesellschaftliches Verhalten ist vielfach durch Verhaltensmodelle bestimmt. Der korrekte Beamte, der ehrbare Kaufmann, der Polizist, der Funktionär, der Revolutionär usw., das alles sind Verhaltensmodelle, bei deren Nennung wir komplexe Verhaltensmuster schnell erfassen und von denen verhaltensbestimmende Wirkungen ausgehen. Die Fixierung derartiger Verhaltensmodelle erleichtert Zusammenleben und Zusammenarbeit, auch hier ist das Modell ein Instrument der kommunikativen Ökonomie.

Unser Vorrat an politischen Modellen ist gering. Die Öffentlichkeit

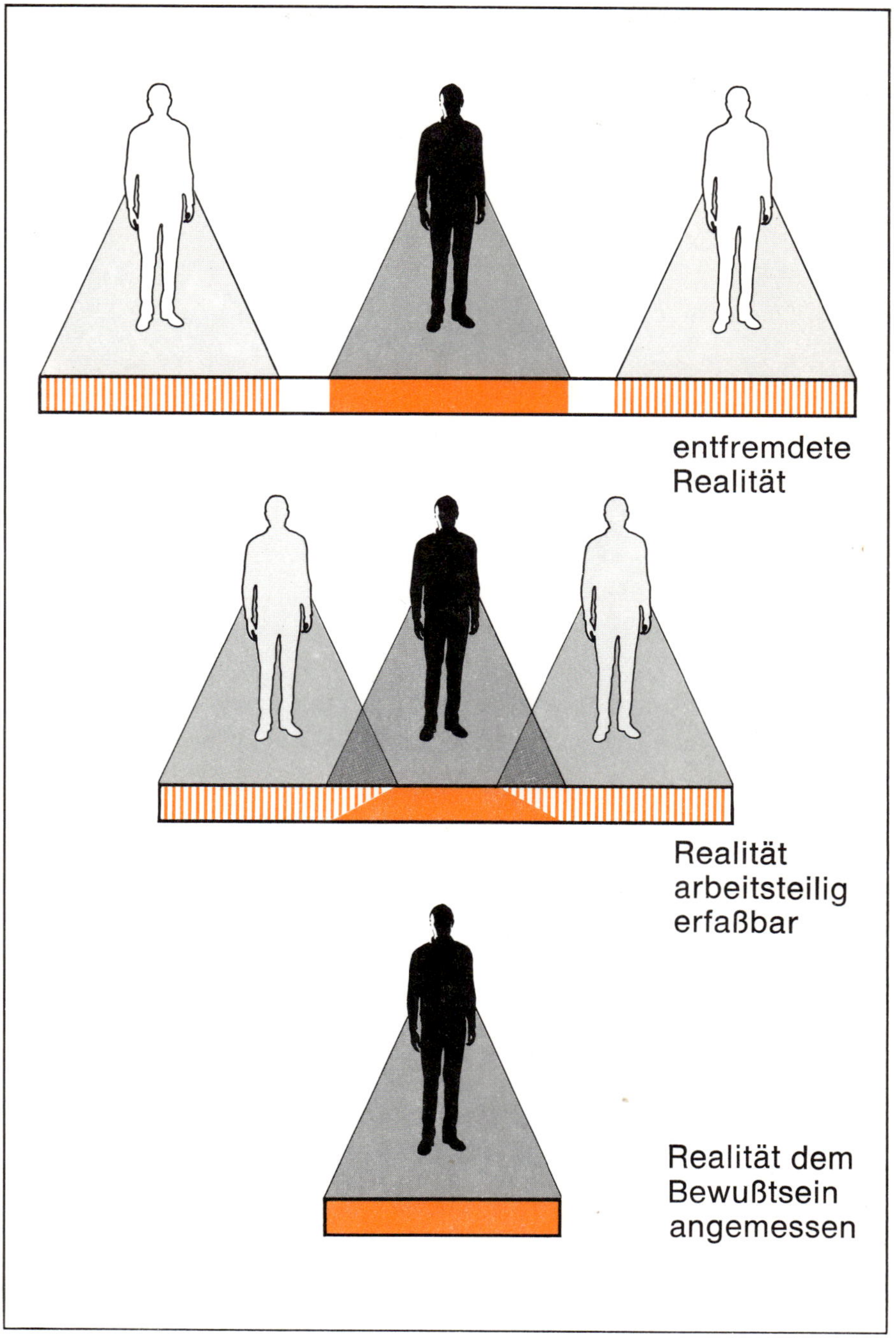

2. Das immer krassere Mißverhältnis zwischen der Komplexität der menschlichen Welt und dem Fassungsvermögen des menschlichen Bewußtseins.

ist weitgehend fixiert auf die beiden Modelle »Kapitalismus« und »Kommunismus«. Dieser Modellmangel erschwert meines Erachtens die zukünftige Entwicklung differenzierter politischer Strukturen, die weder durch »Kapitalismus« noch durch »Kommunismus« beschrieben werden können.

Trotz der erstaunlichen Raffinesse, mit der unser Gehirn der übergroßen Komplexität gerecht zu werden versucht, bleibt aber doch das Mißverhältnis mit teilweise unerfreulichen Folgen im Denken und Verhalten: Diese seien mit Bild 2 (von unten noch oben) illustriert.

Realität dem Bewußtsein angemessen:
Der Urmensch, dessen Realität mit einigen Dutzend Begriffen beschrieben werden konnte, war wohl kaum intellektuell überfordert; er begegnete auch keinen anderen Individuen, mit denen verglichen er ein Gefühl der Überforderung entwickeln mußte, sein Bewußtsein war in diesem Sinne der Realität angemessen.

Realität arbeitsteilig erfaßbar:
Die höhere Komplexität späterer Entwicklungsstufen war zwar für das einzelne Bewußtsein nicht mehr erfaßbar, aber das Verständnis verschiedener Menschen überschnitt sich vielfach, so daß Brücken gemeinsamen Verständnisses und damit des Vertrauens bestanden. Zwar verstand nicht jeder alles, aber er vertraute denjenigen, die das andere verstanden.

Die entfremdete Realität:
Bei noch größerer Komplexität wird die Anzahl vertrauensbegründender Brücken gemeinsamen Verständnisses (relativ) immer kleiner, die Voraussetzung gegenseitigen Vertrauens immer schwächer. Man versteht selbst oder durch Vermittlung »glaubwürdiger« Zeugen nur noch einen winzigen Ausschnitt der Realität und hält alles andere für unverstehbar, ja häufig sogar für feindlich. Das Mißtrauen greift um sich: Warum soll ich Verhaltensnormen befolgen, die ich gar nicht einsehe; warum z. B. sind mein Einkommen, meine Macht und mein Sozialprestige nicht größer? Gleichzeitig geht auch die Verantwortung für das Gesamtwohl verloren, die Gesellschaft wird immer mehr zu einer Ansammlung von Forderern, alle verlangen etwas von der Gesellschaft und vom Staat, kaum mehr wird bedacht, daß vor jeder Forderung Leistungen erbracht werden müssen. Zum Verlust an Realitätsbewußtsein kommt der Ver-

lust an Rechtsbewußtsein und Respekt vor fremder Leistung.

Vor der total entfremdeten, hochkomplexen Realität wird das Bewußtsein häufig labil: Es kippt um. Aus dieser schiefen Blickrichtung wird wieder alles übersehbar und scheinbar einfach verstehbar. Man gewinnt wieder, was die übergroße Komplexität zerstörte: ein Weltbild höchster Simplizität und Faszination. Man kann bei allem mitreden, ohne sich um Sachverstand bemühen zu müssen, und kann wahre und falsche Bedürfnisse unterscheiden. Kinder, die zu den einfachsten Verrichtungen erkennbaren Nutzens unfähig sind, durchschauen den Sinn der Geschichte und lösen Rätsel, nach deren Lösung andere – ohne das schiefe Bewußtsein – ein Leben lang vergeblich suchen.

Hier entwickeln sich raffinierte Methoden der Selbstbestätigung: Wenn erst einmal bestimmte, nicht ausdrücklich genannte Denk-Prämissen akzeptiert wurden, dann wird ein Weltbild möglich, das in sich widerspruchsfrei ist, bloß mit der Realität nichts zu tun hat.

Das »schiefe Bewußtsein« ist eine polemische Metapher, die vor allem zwei Bewegungen unserer Zeit charakterisieren soll: die Nazis in den dreißiger Jahren und die Spätmarxisten in unserer Zeit.

Zwischen diesen zeigt sich – jenseits aller vordergründigen Unterschiede – viel Übereinstimmung. Beide Bewegungen entstanden aus dem Protest über unbestreitbare Mißstände; beidesmal drückt man sich vor der solidarischen Mitarbeit an ihrer Beseitigung; beidesmal wird das eigene Bewußtsein über die unbefriedigende Realität hinausgeschleudert und alle Schuld einer hierfür verantwortlich gemachten Negativgruppe angelastet: bei den Nazis den »Juden und Freimaurern«, bei den Spätmarxisten dem »Kapitalismus« und den »Technokraten«.

Gemeinsam ist den Leuten mit dem schiefen Bewußtsein, daß ihr Verständnis der Realität verzerrt ist und ihre Versuche, Probleme zu lösen, zu anderen Ergebnissen führen, als sie erwarteten. Ihr Feld ist die Kommunikation, weil ihr Sprachgebrauch so simpel ist.

Wir gingen aus von der Frage: Weshalb fällt es unserer Gesellschaft so schwer, ihre Probleme zu lösen? Für Problemlösungen ergaben sich zwei Voraussetzungen: das übereinstimmende Verständnis der Sachverhalte und die übereinstimmende Bewertung möglicher Entscheidungsalternativen. Die bisherige Diskussion zeigte die Gründe für das widersprüchliche Sachverständnis: Die Komplexität unserer Umwelt überfordert das menschliche Bewußtsein; der Umgang des menschlichen Gehirns mit Denkmodellen eröffnet der Manipulation beinahe unbegrenzte

Möglichkeiten und führt möglicherweise zu einem schiefen Bewußtsein, das keine Problemlösungen mehr ermöglicht.

Die andere Komponente der Problemlösung ist die Bewertung der Entscheidungsalternativen. Hier betritt man den Bereich, der umgangssprachlich als irrational angesehen wird, der mit »Moral«, »Ethik«, »Ideologie« mehr oder weniger deutlich beschrieben wird. (Um Mißverständnisse auszuschließen: Der Begriff »Ideologie« wird hier unpolemisch verstanden, etwa im Sinne der Bewertungen, Ziele und Vorurteile, welche das Denken und Verhalten eines Menschen oder einer Gesellschaft bestimmen.)

Diese ideologische Komponente des Verhaltens ist nicht minderwertig, sie ist so menschlich wie die rationale Komponente intellektuellen Verhaltens; ohne diese ideologische Komponente geschähe nichts, alles wäre gleichwertig, irgend eine Äußerung, Anstrengung oder ein Verhalten wäre sinnlos.

Es ist ratsam, zwischen Werten und Zielen zu unterscheiden: In einer bekannten und restlos durchschauten Umwelt ergibt sich das Ziel eindeutig aus der Bewertung. Anders in einer veränderlichen oder nicht restlos durchschaubaren Umwelt: Dort müssen auch bei gleichbleibender Bewertung zu verschiedenen Zeiten unterschiedliche Ziele angesteuert werden. So kann man beispielsweise – ohne seinen Bewertungen untreu zu werden – zu verschiedenen Zeiten verschiedene Parteien unterstützen.

Unsere gegenwärtige Situation wurde schon als »Umwertung der Werte« gedeutet. Ich halte dies für eine Verniedlichung: An die Stelle möglicherweise unzeitgemäßer Wertsysteme treten bei uns keine neuen Werte, die Ordnungsfunktionen übernehmen könnten, eher kommt das ideologische Vakuum.

Daß ein solches ideologisches Vakuum entstehen konnte, hat viele verschiedene Ursachen, so vor allem:

- die tiefgreifenden Traditionsbrüche in den Jahren 1918, 1933 und 1945,
- das Wirtschaftswunder, das die Interessen vordergründig absorbierte,
- die ideologische Prüderie unserer Parteien,
- die Schwäche unserer zeitgenössischen Philosophie.

Die Philosophie wird in unserem Lande überwiegend bestimmt durch zwei sich widersprechende Schulen: die »kritische Theorie«, die vor allem mit H. Marcuse, J. Habermas und Th. W. Adorno zusammenhängt, und der »kritische Rationalismus«, der vor allem von englischen und amerikanischen Philosophen ausging.

Diese beiden Schulen haben Scheuklappen entgegengesetzter Art. Die »kritische Theorie« ist fixiert auf Wünsche, Hoffnungen und Ansprüche des Subjekts, hat aber kein Verständnis für deren Realisierbarkeit. Sie ist zwar geeignet, unsere Universitäten in Tollhäuser zu verwandeln, aber sie ermöglicht kein Zusammenleben und Zusammenarbeiten, d. h., sie liefert uns keine Orientierungen für die Zukunft.

Die »kritische Theorie« hat Scheuklappen gegenüber der Realität, der »kritische Rationalismus« hat sie gegenüber den Wünschen des Menschen, ihm geht es um ein Höchstmaß an Kritik und richtet sich danach, »wie unser Geistesleben, Überzeugungen, Meinungen, Anschauungen, Vermutungen, Verhaltensweisen, Handlungsweisen usw. ohne Rücksicht darauf, ob sie sich rechtfertigen lassen oder nicht, einem Höchstmaß an Kritik ausgesetzt werden, damit möglichst viele Irrtümer bekämpft und ausgeschaltet werden[4]«.

Dieser »kritische Rationalismus« ist zwar geeignet, die Denkfehler der »kritischen Theorie« aufzudecken, aber er ist ungeeignet, das zu liefern, was wir dringend brauchen: Orientierungen für unser Zusammenleben.

Zur Ausfüllung dieses ideologischen Vakuums muß weiter gedacht werden: Was wollen wir eigentlich, welchen Zielen soll denn unser politisches, wirtschaftliches, gesellschaftliches Handeln dienen?

Hierbei darf keine ideologische Gleichschaltung ähnlich der in faschistischen oder kommunistischen Staaten angestrebt werden, im Gegenteil: Die Meinungsvielfalt muß erhalten werden. Aber das Zusammenleben setzt einen Minimalkanon übereinstimmender Prinzipien voraus, deren Ansätze schon im Grundgesetz sichtbar sind:

Artikel 2:

(1): »Jeder hat das Recht auf die freie Entfaltung seiner Persönlichkeit, soweit er nicht die Rechte anderer verletzt und nicht gegen die verfassungsmäßige Ordnung oder das Sittengesetz verstößt.«

Aber diese Ansätze sind für die Zukunft unzureichend, vor allem muß die pauschale Formulierung »das Sittengesetz« konkretisiert werden.

Zuerst muß man wohl die Zwangsläufigkeit der Entfremdung infolge der ständig wachsenden Komplexität unserer Welt als bedauerliche, aber unvermeidbare Tatsache anerkennen und zugestehen, daß unser Zusammenleben auf die Arbeit von Experten angewiesen ist, deren Denken und Handeln wir zwar oft nicht verstehen, das aber trotzdem nicht unverantwortlich ist. Gegenseitiges Vertrauen und solidarische Zusammenarbeit ist eine notwendige Voraussetzung zur Erhaltung unserer gegenwärtigen Kulturhöhe, Mißtrauen und Diffamierung zerstören diese Kultur. Auch die Kritik muß kritisiert werden.

Dann muß das Problem der Werte und Ziele, der Ideologie enttabuisiert werden, man muß die ideologische Prüderie aufgeben und hierüber konkret diskutieren. Die Erörterung der Werte, Ziele und Zukunftsentwürfe sollte vor allem (aber nicht ausschließlich) Sache der politischen Parteien sein: So könnten sie die bisherige unwürdige Situation beenden, sich anläßlich von Wahlen mit Werbegags präsentieren zu müssen und könnten sich mit überzeugenden politischen Entwürfen hervortun. Der Wähler würde es honorieren, ernst genommen zu werden und es auch besser verstehen, wenn unpopuläre Entscheidungen getroffen werden müssen. Die Konkretisierung und Einigung über Werte, Ziele und Zukunftsentwürfe könnten weiter gefördert werden durch »Klöster für kreatives Denken«, durch Seminare über Zukunftsfragen und durch öffentliche Wettbewerbe über Zukunftsentwürfe[5].

Schließlich sollten wir einen Minimalkanon übereinstimmender Werte und Ziele bewußt machen, möglichst konkret darstellen und fortwährend weiterentwickeln, also den veränderlichen äußeren Bedingungen und Erfahrungen anpassen. Dieser Minimalkanon muß die Bildung in Schulen und Universitäten bestimmen.

Hierdurch sollte eine zeitgemäße moralische Infrastruktur entstehen, die unser Zusammenleben in erträgliche Formen bringt, Haß, Diffamierung und Aggression abbaut und wieder Vertrauen und solidarische Problemlösungen ermöglicht.

Die Grundsätze dieses Minimalkanons können, aber müssen nicht der Tradition entstammen. Manche traditionellen Verhaltensnormen wurden in unserer Zeit unbrauchbar.

Einst hieß es beispielsweise: »Mehret euch und macht euch die Erde untertan«. Heute ist die Aufforderung zur unkontrollierten Vermehrung unverantwortlich. Die menschliche Kultur wird durch die zunehmenden Milliarden bedroht. Heute müßte ein vergleichbares Gebot so lauten: Beschränkt die Zahl der Geburten und haltet euer Land sauber.

Einst hieß es: »Seid untertan der Obrigkeit, welche Gewalt über euch hat«. Heute ist nach schrecklichen Erfahrungen die Aufforderung zum bedingungslosen Gehorsam unerträglich: Die Existenz der menschlichen Kultur wird vielfach durch die Immoralität oder Leichtfertigkeit der Machthaber bedroht. Wir müssen bereit sein, Widerstand zu leisten, wenn sie unverantwortlich handeln. Heute müßte ein vergleichbares Gebot so lauten: Kontrolliert die Regierungen und leistet rechtzeitig Widerstand.

Andere tradierte Verhaltensnormen enthalten aber viele Erfahrungen, so daß wir sie nicht ohne sorgfältige Prüfung aufgeben können. Auf keinen Fall möchte ich in einem Minimalkanon vermissen

- die Freiheit, die als Freiheit eines Christenmenschen zu uns kam und im Gegensatz zum hobelnden und stanzenden Sozialismus steht, und
- die christliche Nächstenliebe, die den Menschen als Menschen auch dort noch annimmt, wo er irrt.

Man muß aber auch den Mut haben, zur Lösung neuer Probleme neue Verhaltensnormen zu postulieren. Hierbei haben die tradierten Verhaltensnormen den Vorzug, mit Würde ausgestattet zu sein. Wenn neu geschaffene Verhaltensnormen ähnlich wirksam sein sollen, dann muß der Bevollmächtigte unserer Gesellschaft, der Staat, sich ein höheres Ansehen als bisher verschaffen und sich mit mehr Erfolg als bisher gegen seine Verächter durchsetzen.

Hegel stellte einst den Staat als »Wirklichkeit der sittlichen Idee« der Gesellschaft als »System der Bedürfnisse« gegenüber. Wenn wir wieder zu einer vernünftigen Lösung unserer Probleme kommen wollen, dann gibt es keine andere Konstellation als diese: das Wechselspiel zwischen Bedürfnis und Ideologie zu ordnen. Der Staat muß uns wieder etwas sagen.

Unzeitgemäßes über Organisation, Verhalten und Ideologie

Die Welt, in der wir leben, ist nicht das Ergebnis unseres Willens und unserer Vorstellung, sie ist etwas höchst Eigensinniges: Die meisten Veränderungsversuche nimmt sie gar nicht zur Kenntnis, auf andere reagiert sie in unvorhersehbarer Weise. Wer sie bewußt verändern will, braucht dazu viel Sachverstand. Auf manche listig geplanten Veränderungsversuche geht sie überraschend willig ein.

Das beste, was wir mit unserem Kopfe leisten können, ist die Produktion wünschenswerter und zugleich realisierbarer Entwürfe: Hier sprechen wir mit Recht von Kreativität.

Menschliches Denken und Sprechen ermöglichen phantastische Konstruktionen aus Wörtern und Grammatik, die Unerfahrene tief beeindrucken können. Die Realität ist aber spröder als die Phantasie:

- Die Ressourcen (Menschen, Material, Raum, Information, Maschinen, Kapital usw.) sind endlich und begrenzt. Ein Minister, Manager, Amtschef usw. kann seine Mittel nicht durch ein Wort oder eine Willensentscheidung erhöhen, auch wenn dies noch so wünschenswert wäre, er muß oft mit unzureichenden Ressourcen dringende und widersprüchliche Anforderungen erfüllen oder ablehnen und dabei in Kauf nehmen, daß ihm wegen der Ablehnung wohlbegründete Vorwürfe gemacht werden.
- Die Spielregeln der Realität sind häufig ziemlich unveränderbar. Die Verantwortlichen müssen sich an Gesetze, Verordnungen, Absprachen usw. halten und können auch nicht – wenn sich eine Entscheidung als falsch erwiesen hat – diese nachträglich durch einen Willensakt korrigieren.

Das ist jedem selbstverständlich, der sich mit praktischen Problemen herumschlägt. Nicht so für unsere gegenwärtige Gesellschaftskritik. Sie verdrängt gern die unüberwindbaren Beschränkungen aus dem Bewußtsein und deutet sie als Beschränktheit der »Technokraten«.

Je weniger einer die politischen, wirtschaftlichen und technischen Zusammenhänge versteht, um so leichter berauscht er sich an der Vorstellung von einem Leben ohne Anstrengung, ohne Rücksicht auf andere, ohne rechtliche Ordnung menschlichen Zusammenlebens, von einem Leben, in dem es nichts anderes als Lust und Befriedigung gibt.

Besonders für unser zukünftiges Zusammenleben und Zusammenarbeiten entwickelte die zeitgenössische Gesellschaftskritik geradezu groteske Vorstellungen. Sie könnte aus den biologisch und historisch gewachsenen Organisationsformen viel lernen.

Organisationen gibt es ja schon viel länger, als Menschen über sie nachdenken oder überhaupt denken: beispielsweise die physischen und sozialen Organisationen von Mensch und Tier. Diese Organisationsformen existierten und existieren vor oder unabhängig von menschlicher Einsicht und haben durch Versuch und Irrtum in Jahrmilliarden Strukturen entwickelt, deren Sinn und Leistungsfähigkeit wir großenteils überhaupt noch nicht begreifen.

In unserer Zeit verändert sich nun das Verständnis der Organisationen: An die Stelle der Beschreibung tritt immer mehr der Versuch, Organisationen als ein Geflecht von Ursache und Wirkung zu verstehen.

Besonders deutlich zeigt sich dies bei der Unternehmensführung, wo an die Stelle von Intuition und subjektiver Erfahrung bewußte, optimierende Methoden treten, Operations Research, Planungsmethoden, Entscheidungstheorie; Methoden, die man als »Wirtschaftskybernetik« zusammenfassen kann[6].

Diese Denkmodelle greifen aber schon jetzt über den Unternehmensbereich hinaus: Man spricht neuerdings schon von »politischer Kybernetik[7]« und von einer »kybernetischen Staatslehre[8]«.

Beim Weltmodell des »Club of Rome[9]« wird versucht, das irdische Gesamtgeschehen einer Systemanalyse zu unterwerfen und die Lebensqualität auf dieser Erde bei begrenzten Ressourcen zu optimieren. Gerade hier zeigt sich besonders deutlich der große Abstand zwischen der Komplexität unseres Zusammenlebens und unserem Verständnis.

Bei den Organisationen handelt es sich meist um außerordentlich komplizierte Systeme, bei denen sehr viele Elemente und Wechselwirkungen berücksichtigt werden müssen.

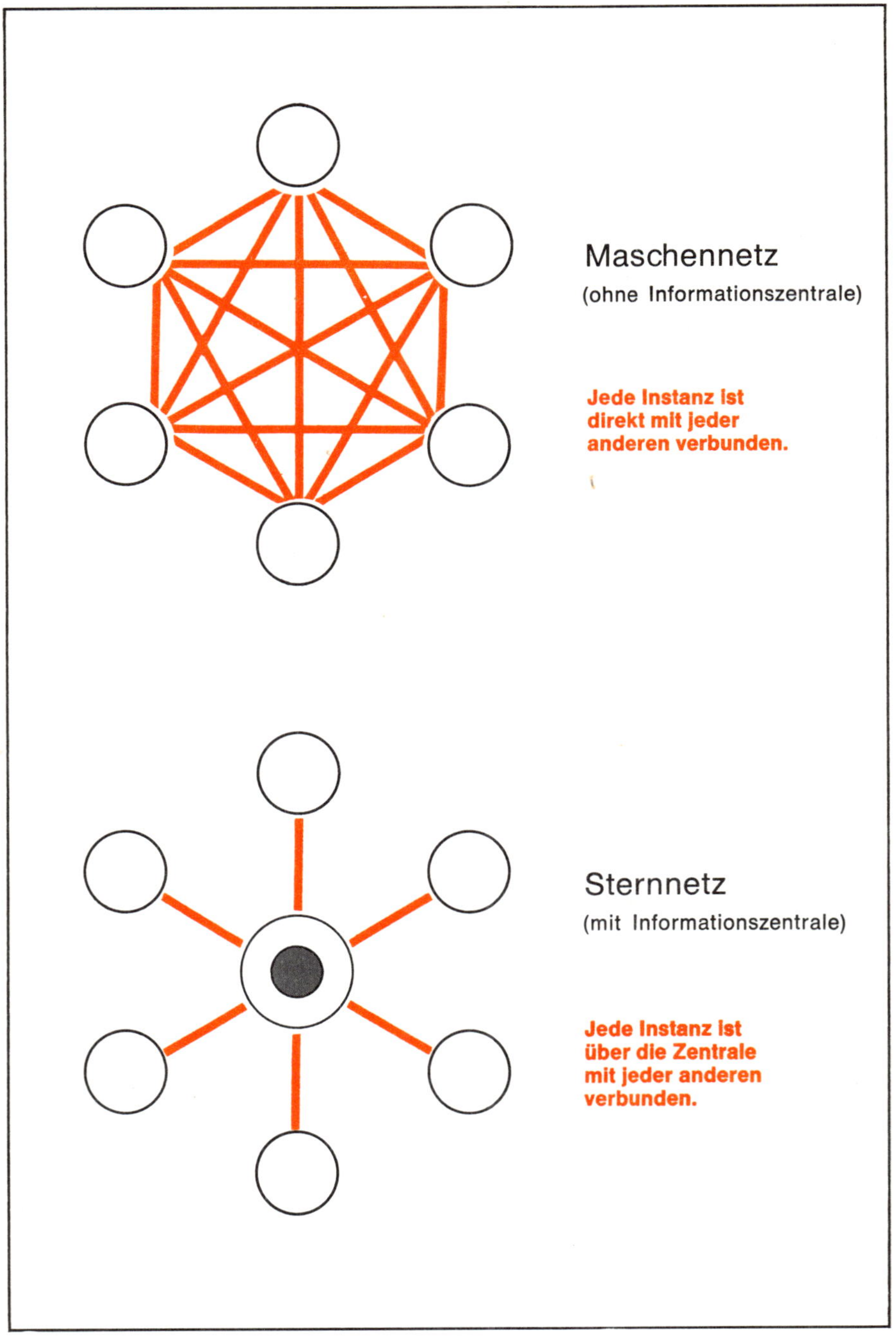

3. Zwei wichtige Strukturen: Maschennetz und Sternnetz. Beim Maschennetz ist die Anzahl der notwendigen Verbindungen viel größer als beim Sternnetz.

Zur Systemanalyse werden endliche Mengen von Elementen von ihrer Umgebung abgesondert. Dies hat einen interessanten Grund: Gedächtnis und Bewußtsein haben eine endliche Fassungskraft. Systeme, deren Komplexität diese Fassungskraft überschreiten, können nicht mehr intellektuell bewältigt werden.

Von der großen Anzahl unterschiedlicher Denkmodelle zum Verständnis von Organisationen sind zwei Strukturgrundformen besonders interessant: das Maschennetz und das Sternnetz. Entsprechend Bild 3 ist beim Maschennetz jedes einzelne der n Elemente mit allen anderen (n – 1) verbunden, so daß also $\frac{n(n-1)}{2}$ Beziehungen entstehen. Hier steigt also die Anzahl der Beziehungen etwa quadratisch mit der Anzahl der Elemente.

Beim Sternnetz nimmt eines der Elemente eine Vermittlerrolle ein: Hier ergeben sich für n äußere Elemente nur n Beziehungen. Ihre Anzahl steigt mit zunehmendem n wesentlich langsamer. Eine Struktur mit sternförmigem Aufbau ist immer dann im Vorteil, wenn es darauf ankommt, Organisationen mit übersehbarem Verhalten aufzubauen.

Bei der sternförmigen Struktur muß eines der Elemente eine Vermittlerrolle für andere übernehmen. Wieviele von einem zentralen Element bedient werden können, hängt von der Art der betrachteten Organisation ab. Beispielsweise ist die maximale Anzahl der von einem Kellner bedienbaren Gäste vor allem durch seine Transportleistung begrenzt.

Für viele Organisationen ist aber die informationelle Leistungsfähigkeit der zentrale und begrenzende Faktor. So kann beispielsweise ein arbeitsteiliger Betrieb von Hunderten oder Tausenden Mitarbeitern meist nicht durch eine einzige zentrale Instanz geleitet werden, weil diese hierdurch überfordert würde. Aus diesem Zwang heraus entsteht dann die hierarchische Struktur entsprechend Bild 4, bei der sternförmige Organisationsstrukturen in mehreren Ebenen übereinander angeordnet sind. Die zweckmäßige Anzahl der Ebenen hängt vor allem von der Komplexität der angestrebten Funktion und der Leistungsfähigkeit der zentralen Elemente ab.

Meine – durch viele Diskussionen mit Theoretikern und Praktikern erhärtete – Überzeugung ist: Es gibt zur hierarchischen Struktur keine Alternative, wenn arbeitsteilige Organisationen nennenswerter Komplexität aufgebaut werden. Hieran ändern auch Publikationen über getarnte hierarchische Strukturen nichts. Es ist deshalb redlicher, die Unver-

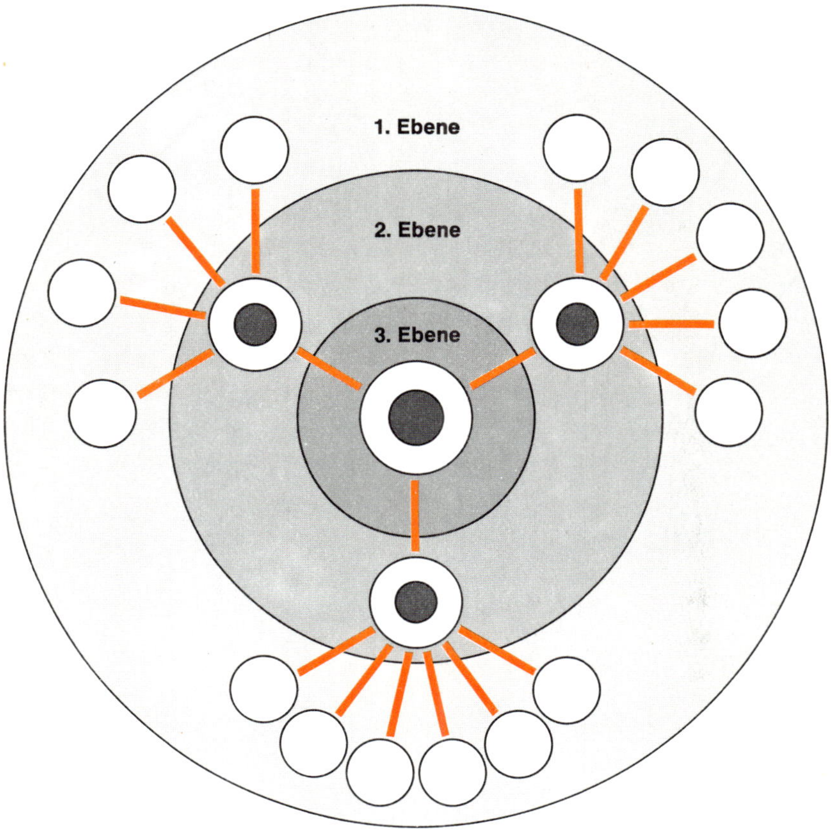

Hierarchische Struktur

4. Die ungeliebte, aber unvermeidbare hierarchische Struktur ist eine Ineinanderschachtelung von Sternnetzen.

meidbarkeit der hierarchischen Struktur einzugestehen und sie erträglicher auszugestalten, als am grünen Tisch immer neue Schein-Alternativen zu erfinden.

Eine hierarchische Struktur in zeitgemäßem Sinn ist *nicht* dadurch gekennzeichnet, daß ausschließlich Befehle von oben nach unten gehen und dort widerspruchslos ausgeführt werden, für sie gilt vielmehr:

1. Sie ordnet die Entscheidungskompetenz, vermindert also die Konflikte.
2. Informationen fließen in allen Richtungen, von oben nach unten, von unten nach oben und auch seitwärts. Keine Instanz ist von Kritik ausgenommen, und jede Instanz kann Initiativen entwickeln.
3. Die Hierarchie ist veränderbar, Mitarbeiter können sich durch Leistungen hinaufarbeiten, Versager steigen ab.

Organisationen dienen der Erfüllung eines Zweckes. Dieser Zweck kann unbewußt oder bewußt sein, er kann außerhalb oder innerhalb der Organisation liegen.

Um ein Element der Organisation zu einem bestimmten Verhalten im Sinne des Organisationszweckes zu veranlassen, gibt es mehrere Möglichkeiten. Hier sind zwei Grundbegriffe nützlich: Steuerung und Regelung. Bei der Steuerung geht eine lineare Wirkungskette von einer Ursache zu einer Wirkung. Im Gegensatz hierzu wird bei der Regelung die Wirkung zurückgemeldet und mit der Führungsgröße verglichen, so daß sich eine Kreisstruktur ergibt.

In Bild 5 wird »gesteuertes«, »geregeltes« und »autonomes« Verhalten unterschieden. Hierbei soll mit dem Begriff »Verhalten« der Zusammenhang zwischen Input und Output verstanden werden. (Eine weitergehende Betrachtung, welche die Beschränkungen dieser scheinbar behavioristischen Darstellung überwindet, muß darüber hinaus auch die Vorgänge im betrachteten Menschen mit berücksichtigen. Dies soll hier aber nicht weiter verfolgt werden.)

Beim gesteuerten Verhalten werden von einer übergeordneten Instanz Informationen (»Befehle«) an das betrachtete Element gegeben, welches hierauf zwangsläufig reagiert, etwa so wie früher ein Soldat auf gegebene Befehle ohne Rücksicht auf seine eigene Zustimmung zu gehorchen hatte.

Anders ist es beim geregelten Verhalten: Hier wird der Output (oder auch der beabsichtigte Output) der übergeordneten Instanz gemeldet, welche hierauf durch bestimmte Weisungen reagieren kann.

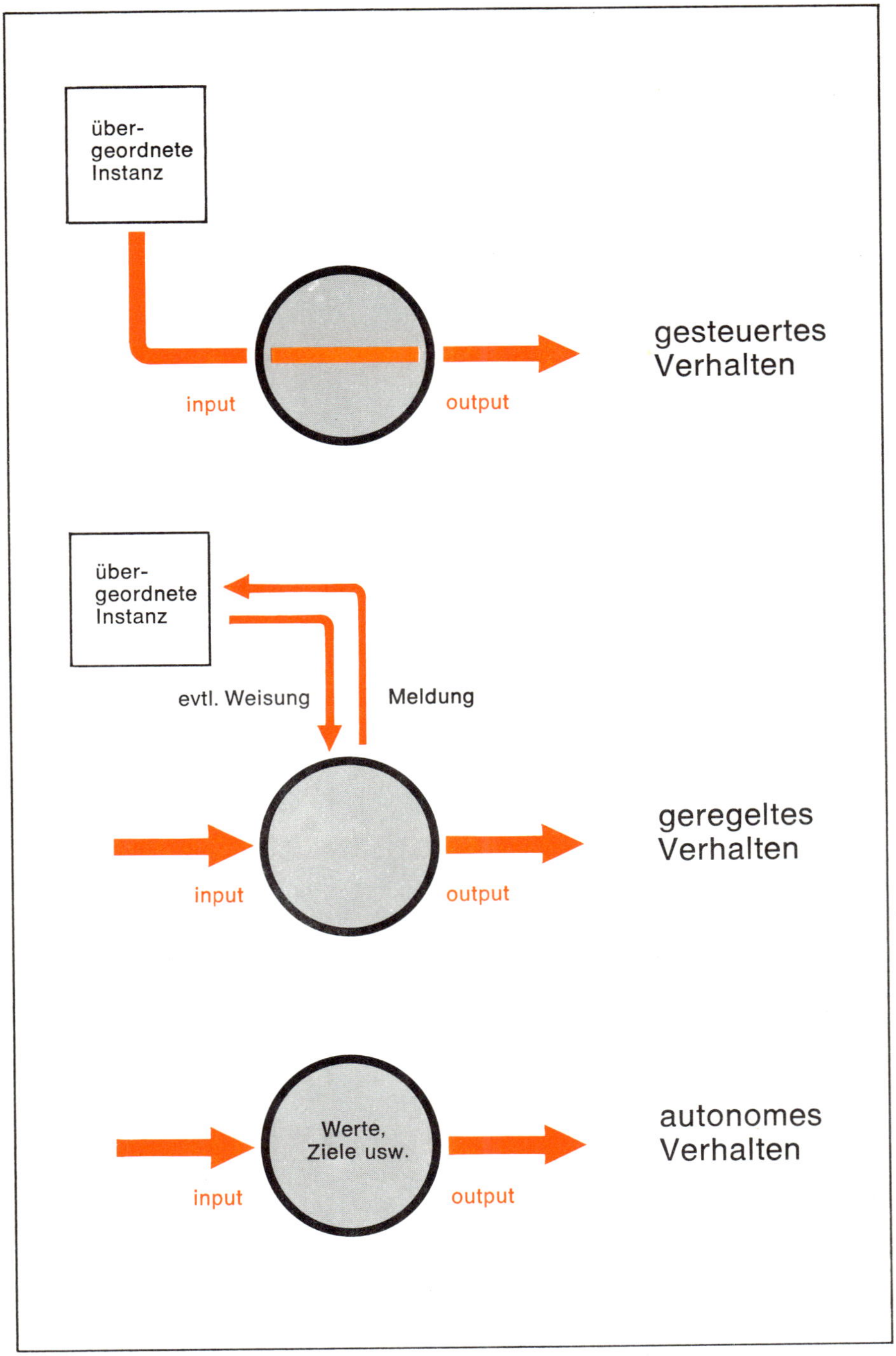

5. Schematisierung von Verhaltensformen.

Dies ist ein verallgemeinertes Schema für viele Management-Strategien, beispielsweise für die Strategie, einen Mitarbeiter solange nicht durch Weisungen zu beanspruchen, als sein Verhalten innerhalb bestimmter Grenzen liegt, aber dann einzugreifen, wenn das Verhalten mit dem Gesamtzweck des Betriebs nicht vereinbar ist.

Dies entspricht u. a. etwa dem »Management by Exception«:

»Man will durch dieses Führungsprinzip erreichen, daß die Leitungsorgane nur mit den Dingen befaßt werden, die *nicht* planmäßig ablaufen. Man will also die Fülle der Berichte, die im wesentlichen nur den Sachverhalt beinhalten, daß alles nach Plan oder wie vorgesehen läuft, den oberen Leitungsorganen ersparen und sie dafür nur mit den Dingen bekannt machen, die ein aktives Eingreifen oder eine Änderung der Pläne oder spezielle Koordinierungsmaßnahmen erforderlich machen[10].«

So wird sinnvoll das Prinzip verwirklicht, Entscheidungen auf möglichst niedriger Ebene zu fällen und die übergeordneten Instanzen für übergeordnete Probleme frei zu halten. Dieses Prinzip ist deshalb meist unvermeidbar, weil in unserer Zeit die informationelle Belastung der höheren Ebenen der Hierarchie immer schwerer wird, während sie gleichzeitig in den unteren Ebenen relativ abnimmt. Das Verlagern der Entscheidung auf niedere Ebenen hat weiter den Vorzug, die Mitarbeiter für die Gesamtprobleme zu interessieren und so ihre Identifikation mit der Organisation zu stärken.

Auf demselben Prinzip beruht auch die rechtliche Ordnung unseres Zusammenlebens. Wir sind frei, solange wir bestimmte durch Gesetz und Verordnung definierte Grenzen des Verhaltens nicht überschreiten.

Bild 5 zeigt als dritten Verhaltenstyp das »autonome« Verhalten.

Hierbei ist das Verhalten – zumindesten das aktuelle – unabhängig von einer äußeren Instanz. An ihre Stelle tritt hier eine innere Instanz von Werten, Zielen usw. Hierauf wird später nochmals zurückgekommen.

Selbstverständlich sind die drei in Bild 5 dargestellten Verhaltenstypen Vereinfachungen, die im Hinblick auf konkrete Situationen – besonders im Hinblick auf Menschen – noch verfeinert werden müssen. Zwischen ihnen bestehen tatsächlich auch Übergangsformen: So entstehen die Werte, Ziele usw., welche das autonome Verhalten ermöglichen, großenteils (allerdings nicht ausschließlich!) durch Lernprozesse, welche zum Teil als Verhaltensregelung im Sinne von Bild 5 verstanden werden können.

Bild 5 zeigt deutlich, welch zentrale Rolle die Information für alle Organisationsfragen spielt: Befehl, Weisung, Meldung sind immer Informationen, Input und Output sind meist Information, können aber ausnahmsweise auch Energie oder Materie sein. Diese Vorherrschaft der Information ist verständlich. Der Sinn der Informationsübertragung liegt in der Übertragung fremder Erfahrung, der Ermöglichung besserer Problemlösungen, letztendlich in der Verhaltenssteuerung, sei es nun der Verhaltenssteuerung von Menschen oder Maschinen.

Neue Verhaltensformen entwickeln sich auf sehr verschiedene Weise. Trotzdem sind die folgenden zwei Denkmodelle nützlich:

- Anpassung und
- Problemlösung.

Bei der Anpassung werden Verhaltensformen von Vorbildern übernommen, ohne daß hierfür eine explizite Begründung gegeben oder gesucht wird. Vor allem die ersten Lebensjahre sind bestimmt durch Anpassungsvorgänge. Kinder könnten nicht aufgezogen werden, wenn sie nicht bereit wären, sich dem von Eltern usw. vorgemachten Verhalten ohne Begründung anzupassen. Dieses Anpassungsverhalten hat zwei wichtige Voraussetzungen: auf der Seite der Kinder das (meist unbewußte) Vertrauen, daß das »vorgemachte« Verhalten annehmbar ist und auf der Seite der Erwachsenen die Autorität, den Kindern nur Annehmbares »vorzumachen«. Solange dieses Vertrauensverhältnis besteht, können Verhaltensformen ohne explizite Begründungen weitergegeben werden. Wenn dieses Vertrauensverhältnis aber gestört ist, wird die Weitergabe viel schwieriger. Dies hat eine positive und eine negative Seite:

Wenn die Weitergabe von Verhaltensformen nur durch ihre explizite Begründung möglich ist, dann scheiden diejenigen aus, die in einer bestimmten historischen Situation nicht mehr begründbar sind. Diese Wirkung des gestörten Vertrauensverhältnisses ist teilweise positiv zu werten, es ist gewissermaßen eine kulturelle Entrümplungsaktion.

Negativ ist aber zu werten, daß die explizite Begründung mit ihrem hohen Aufwand und intellektuellen Anspruch zum Absterben kostbarer kultureller Errungenschaften führt, welche die Begründungsschwelle einer zum Mißtrauen manipulierten Generation nicht mehr überschreiten können: Mißtrauen als Zerstörer der Kultur. Es ist meist leicht, verblüffende Fragen zu stellen, es ist aber oft sehr schwer, diese zu beantworten und noch schwerer, praktisch brauchbare Verbesserungen zu finden.

Wer ist schon imstande, komplexe Kulturformen rational zu begründen, beispielsweise die Achtung der Privatsphäre, Gemeinsinn, sexuelle Moral usw.? Derartige Errungenschaften einer hohen Kultur werden zerfallen, wenn sie nicht mehr vertrauensvoll von Generation zu Generation weitergegeben werden können. Ob es wohl im Jahre 2000 noch ein menschliches Bewußtsein gibt, das »Romeo und Julia« versteht?

Die Einsichten naturwissenschaftlicher Verhaltensforscher und geisteswissenschaftlicher Anthropologen nähern sich hier immer mehr. A. Gehlen[11] schlägt die Brücke von den »physiologischen Tugenden« zu historisch gewachsenen Tugenden und bezieht sich hierbei ausdrücklich auf K. Lorenz. Der spricht von der »drohenden Auflösung unserer Sozietät durch Störung der Überlieferung unentbehrlicher sozialer Verhaltensnormen« und davon, daß »ein Abreißen der Tradition alle kulturellen Normen sozialen Verhaltens wie eine Kerzenflamme auslöschen kann«.

Unser Zusammenleben setzt viele Tugenden voraus, so z. B. ökonomische Tugenden (z. B. der vorsorgliche Hausvater, der ehrbare Kaufmann), szientifische Tugenden (z. B. Experimente, die man nicht macht), publizistische Tugenden (z. B. Informationen, die man nicht weitergibt), politische Tugenden (z. B. effizientes Verhalten, das man nicht realisiert) usw.

Das Leben eines Menschen reicht nicht aus, alle für ihn wichtigen Tugenden selbst zu erfinden, hier muß jeder aus der Erfahrung früherer Generationen lernen. Die Tradition erweist sich hier als unvermeidbare Quelle menschlicher Erfahrung.

Die Vielfalt der Tugenden zwingt den praktisch im Leben Stehenden (im Gegensatz zum Theoretiker) zu ständigen Kompromissen zwischen widersprüchlichen Anweisungen. Hierbei erweist sich die Kunst des Kompromisses als die eigentliche Lebenskunst: Es kommt nicht auf die Faszination radikaler Simplifikationen an, sondern auf die Kultur des Kompromisses. Radikale Gesinnung wächst meist aus einem engen Bewußtsein.

Dies begreifen unsere »Progressiven« nicht, und so rennen sie wie Don Quichote fortwährend gegen Windmühlenflügel. Sie könnten sich und uns einiges ersparen, wenn sie über diese Zusammenhänge nachdenken würden.

Ganz anderer Art als die Anpassung ist das Problemlösungsverhalten. Formale Problemlösung kann – in der hier gebotenen Vereinfachung – als Auswahl der wertvollsten aus einer Vielzahl möglicher Alternativen verstanden werden. Dies sei an einem einfachen Beispiel veranschaulicht. Unterstellt wird eine stetige Außenwelt begrenzter Komplexität. Ihr Zustand kann in einem geeigneten Koordinatensystem durch einen Punkt abgebildet werden. Veränderungen können als Bahnen im abbildenden Koordinatensystem verstanden werden.

Den verschiedenen Zuständen der betrachteten Außenwelt und damit den Punkten des abbildenden Koordinatensystems entsprechen unterschiedliche Bewertungen.

Wenngleich typische Außenwelten meist durch viele Koordinaten beschrieben werden müssen, sei der Anschaulichkeit halber doch angenommen, das System sei durch nur zwei Koordinaten beschreibbar (Bild 6). In diesem einfachen Fall kann ein dreidimensionales Relief gezeichnet werden, dessen Koordinaten in der Waagrechten den Zustand der Außenwelt und die Höhe über Grund deren Wert kennzeichnen. Die Aufgabe besteht z. B. darin, von einem Anfangspunkt (dessen Koordinaten und Wert bekannt sind) ausgehend, mit möglichst geringem Suchaufwand einen anderen Punkt zu finden, dessen Wert größer ist und dessen Koordinaten nicht bekannt sind. Hierbei muß unterstellt werden, daß der »Experimentator« das Relief nicht kennt, meist zunächst auch nicht weiß, ob und wann er an einem Neben- oder Hauptmaximum angekommen ist. Für derartige Zwecke wurden mehrere Suchmethoden entwickelt. Wesentliche Kriterien bei ihrer Beurteilung sind:

Wie rasch wird ein Ziel erreicht?
Kann ein Nebenmaximum wieder verlassen werden,
oder verharrt das System auf diesem Nebenmaximum?

Diese schematische Darstellung des Entscheidungsvorganges als Suche nach der wertvollsten Handlungsalternative unterdrückt viele für menschliche Entscheidungsprozesse typische Sachverhalte, aber sie läßt die dominierende Bedeutung der Bewertung erkennen. Wo die verschiedenen Zustände der Außenwelt nicht unterschiedlich bewertet werden, stellt sich überhaupt keine Entscheidung und keine Reaktion auf Zustände der Außenwelt ein. Deshalb muß jede Systemanalyse menschlicher Organisationen die Wertsysteme klären.

Bild 6 läßt zwei grundsätzlich verschiedene Strategien von Veränderung anschaulich erkennen:

– Einerseits die Veränderungen in kleinen Schritten, die langsam fortschreitet und bei der man eventuell in Nebenmaxima hängen bleibt.

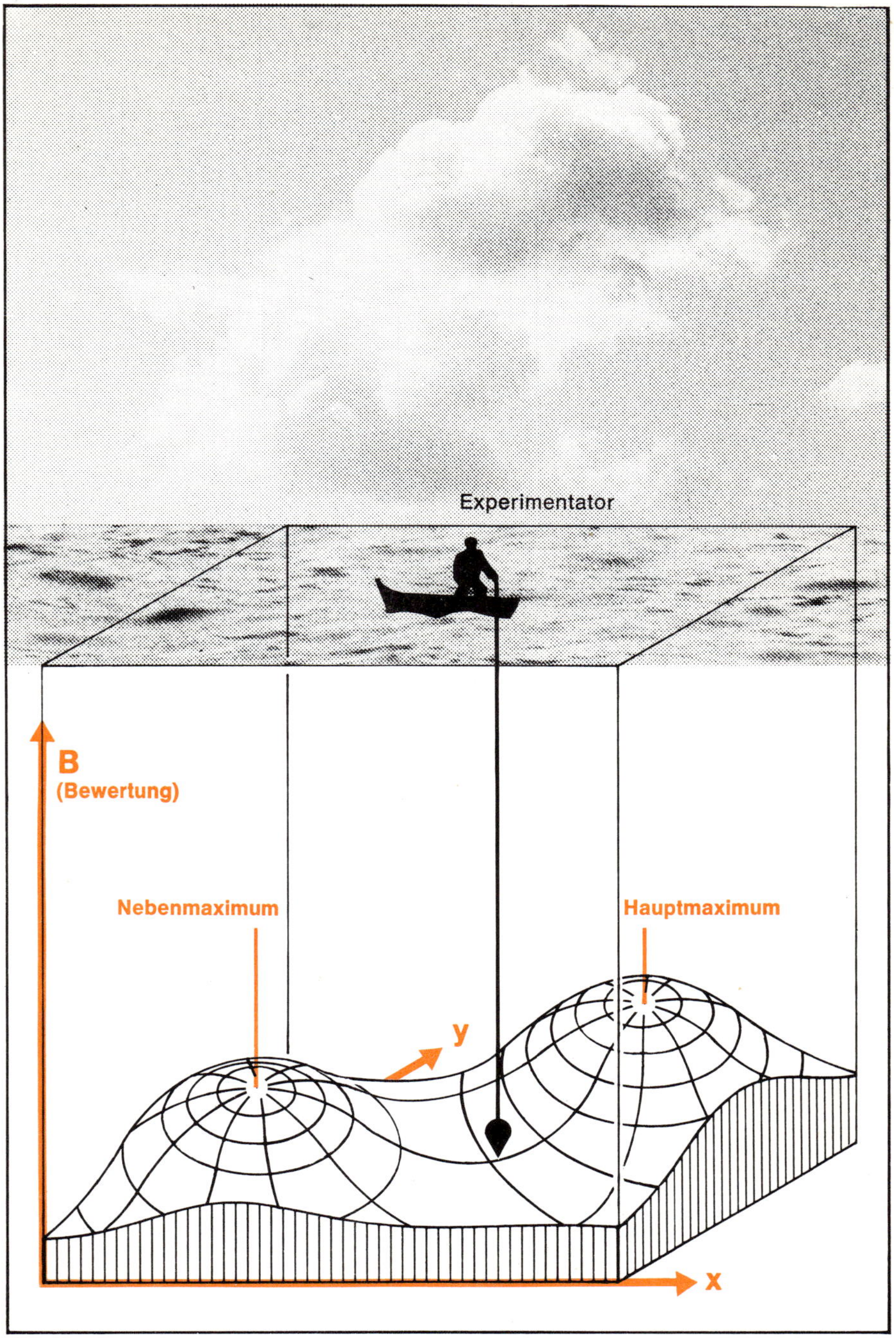

6. Zur Veranschaulichung des Problemlösens: Der »Experimentator« sucht einen möglichst hohen Punkt (Maximum) des Gebirges, das er nicht sieht.

– Andererseits die sprungweise Veränderung, die rasch fortschreitet und möglicherweise Nebenmaxima zu verlassen gestattet, aber riskant ist.

Man könnte – etwas voreilig – diese beiden Strategien als »konservativ« und »progressiv« bezeichnen. Hiergegen entstehen aber rasch Bedenken: Möglicherweise ist das zaghafte Vorgehen in kleinen Schritten gar nicht geeignet, das Erhaltenswerte zu erhalten, und möglicherweise erscheinen die kühnen Sprünge nur deshalb so fortschrittlich, weil man deren Nachteile noch nicht erkannt hat. A. Gehlen meinte hierzu spöttisch, Fortschritt sei der Übergang von Situationen, deren Nachteile man schon kennt, zu Situationen, deren Nachteile man noch nicht kennt.

Reale menschliche Entscheidungsprozesse sind viel komplizierter, als durch Bild 6 dargestellt wurde. Beispielsweise kann eine bestimmte Verhaltensalternative im Hinblick auf den Zweck der Organisation einen ganz anderen Wert als in der Sicht des Bearbeiters haben. Oder es sind innerhalb einer Organisation bestimmte Verhaltensformen eingeschliffen, die unter den jetzt bestehenden Außenweltbedingungen aber gar nicht mehr optimal sind.

In derartigen Fällen entstehen Konfliktsituationen, bei denen es von vielen Faktoren abhängt, welche Bewertung sich letztendlich durchsetzt: beispielsweise von organisatorisch gegebener Kompetenz; der Fähigkeit, seine Überlegungen überzeugend darzustellen; oder auch von der politischen Fähigkeit, für seine Absichten Bundesgenossen zu gewinnen usw.

Weiter muß hier an die Wirkung der Tradition erinnert werden: Wer bisher eine bestimmte Verhaltensalternative vertreten hat, der »verliert Gesicht«, wenn er sich ohne deutlich erkennbare Gründe plötzlich für eine andere Verhaltensalternative entscheidet.

Viele praktisch interessante Entscheidungen entsprechen nicht unmittelbar dem Schema von Bild 6: Häufig sind nicht die Bewertungen vorgegeben, sondern Ziele, z. B. ein bestimmtes Plansoll. Aus diesem übergeordneten Ziel werden dann Unter-Ziele abgeleitet, welche die Voraussetzungen zur Erreichung des übergeordneten Ziels definieren. So entsteht eine »Zielhierarchie«.

Die meisten menschlichen Verhaltensformen können weder durch »Anpassung« noch durch »Problemlösung« erschöpfend erklärt werden, es gibt hier vielfältige Zwischenformen.

Kultur ist ein System vieler miteinander verträglicher Verhaltensformen, deren Ursprung großenteils (aber wohl nicht immer) in der Lösung praktischer Probleme lag und die sich im Laufe der geschichtlichen Entwicklung gegenseitig abgeschliffen haben. Man kann deshalb im gesellschaftlichen Verband Verhaltensformen nicht beliebig verändern, ohne daß Konflikte entstehen. Wer Veränderungen vorschlägt oder durchsetzt, der muß ihre Folgen in anderen Bereichen bedenken.

Das Wort »Ideologie« ist durch die geschichtliche Entwicklung und politische Auseinandersetzung schwer belastet und gegenwärtig umgangssprachlich kaum anders als polemisch zu gebrauchen. Ich möchte – in Übereinstimmung mit E. Lemberg[12] – den Begriff »Ideologie« unpolemisch verwenden, etwa im Sinne von Bild 5 als Gesamtheit der Werte und Ziele, welche autonomes Verhalten ermöglichen.

Man kommt auf Grund kybernetischer Überlegungen zu demselben Ergebnis wie Lemberg auf Grund historischer und soziologischer Untersuchungen: Ein ideologiefreies Individuum oder eine ideologiefreie Gesellschaft ist unmöglich, es gab auch nie eine »Entideologisierung«, es gab nur Zeiten, in denen man nicht gründlich genug hierüber nachdachte:

»Ohne ein Glaubenssystem der hier beschriebenen Art kann eine Gesellschaft nicht leben. Es herrscht ein Horror vor dem ideologischen Vakuum.«

Lemberg unterscheidet Ideologien unterschiedlicher Qualität nach folgendem Schema:

1. Ideologien erster Ordnung (Großideologien)
   a) Religionen, Weltanschauungen,
   b) Ideologien großer Gruppen (Völker, Nationen, Klassen).
2. Ideologien zweiter Ordnung (Ad-hoc-Ideologien)
   a) Partei- oder Verbandsprogramme,
   b) Argumente, Plädoyers, Begründungen begrenzter, kurzfristiger Vorhaben, Rechtfertigungen eines Verhaltens u. ä.

Diese Klassifikation wird durch Bild 7 illustriert.

Die verhaltenssteuernden Wirkungen der Ideologie sind vor allem:

- Solidarisierung der durch die Ideologie verbundenen Menschen,
- Abgrenzung gegenüber den Fremden und
- gemeinsame Unterscheidungskriterien für »gut« und »böse«.

Die entscheidende Leistung der Ideologie ist vor allem, der Sozialisation Orientierungsmarken zu setzen.

Wo die Elemente einer Organisation Maschinen sind, kann man deren »Verhalten« meist ziemlich eindeutig voraussagen. Anders dann, wenn die Elemente der Organisation Menschen sind, deren Verhalten »frei«

ist. Das Problem der Freiheit ist deshalb für das Verständnis von Organisationen grundlegend.

Ich gehe von der Überzeugung aus, daß die physischen Vorgänge im menschlichen Gehirn und damit auch die psychischen Vorgänge im Subjekt für den alles wahrnehmenden Beobachter so bestimmt oder unbestimmt sind wie jeder andere physikalische Vorgang vergleichbarer Komplexität[13]. Für den übergeordneten Beobachter ist die Frage nach der Freiheit sinnlos, er kann höchstens Indeterminiertheiten registrieren. Für das Subjekt ist jedoch die Fiktion »Freiheit« sehr segensreich.

Zwischen der subjektiven Überzeugung, »frei« zu sein, und der unabweisbaren Einsicht, den Gesetzen der Materie, Energie und Information nicht entrinnen zu können, entstehen Spannungen, denen auch viele Naturwissenschaftler nicht gewachsen sind. Um die sozial und politisch so segensreiche Freiheit theoretisch abzusichern, werden in unserem Lande die unglaublichsten philosophischen Fehlkonstruktionen aufgebaut bis hin zu der Schimäre, durch die Unschärferelation der Atomphysik könnte dieser scheinbare Widerspruch überwunden werden.

Vom Standpunkt der Kybernetik ist dieser Widerspruch aber ein triviales Scheinproblem: Wo keine wahrnehmenden Strukturen vorhanden sind, kann nichts wahrgenommen werden. Der Bereich, der in unserem Gehirn die Werte (im entwicklungsgeschichtlich urspünglichen Sinn) physiologisch fixiert, ist der Reflexion nicht zugänglich. (Warum sollte er es auch sein: Das Gehirn entwickelte sich zwecks Existenzerhaltung, nicht zwecks Selbsterkenntnis.)

Das subjektive Gefühl, frei zu sein, ist also die Folge einer Auswahlmöglichkeit unter Wertmaßstäben, die wir subjektiv nicht wahrnehmen können. Dieses subjektive Gefühl der Freiheit ist die wesentliche Funktion bewußten Denkens und Verhaltens.

Die Überzeugung, »frei« zu sein, verändert einen Menschen. Es ist ein Irrtum anzunehmen, der Mensch *mit* der Überzeugung, »frei« zu sein, sei derselbe wie der Mensch *ohne* diese Überzeugung. Hier zeigt sich die Wirkung der Information grandios: Sage einem Menschen, er könne moralisch handeln oder sage einem Menschen, er sei das unverantwortliche Produkt seiner materiellen Bedingungen, so veränderst du diesen Menschen.

Dazu kommt noch, daß das Postulat der Freiheit im sozialen Kontext sehr nützlich ist. Dies zeigt sich deutlich am Begriff »Schuld«. Hierzu möchte ich von einer meines Erachtens falschen These des von mir hoch-

Thema	Beispiele	Rangordnung
1. Existenz oder Nichtexistenz Gottes (einer Transzendenz)	Weltreligion	I a
2. Ursprung und Ziel des Menschen	Weltreligion	I a
3. Ursprung und Ziel der Weltgeschichte	Weltreligion, Marxismus	I a
4. Geschichtsbild der Großgruppe (z. B. Nation)	Nationalismus	I b
5. Struktur der Gesellschaft (Herrschaftsformen)	Demokratie, ständische Ordnung	I b
6. Funktion einer Großgruppe, Schicht, Klasse	Bürgertum, Proletariat, Bauerntum	I b
7. Verbandsprogramm, Berufsideologie	durchschnittliches Parteiprogramm, Wirtschaftsfachverband, Berufsorganisation	II a
8. Rechtfertigung eines temporären Gruppenzieles	Begründung eines Vereinsbeschlusses, Wahlkampf, Werbeaktion	II b
9. Begründung einer Einzelaktion	Festveranstaltung, Gesellschaftsreise	II b

7. Klassifikation ideologischer Systeme nach E. Lemberg.

geschätzten F. Bauer[14] ausgehen:

»Schuld setzt die Freiheit des Willens voraus; diese aber ist wissenschaftlich nicht erweislich.«

Wird diese These akzeptiert, so kann ein Mensch keine Verantwortung im Sinne der Schuld tragen, für seine Fehlleistungen ist nicht er selbst verantwortlich, sondern seine Eltern, seine Lehrer, kurzum das Milieu, in dem er aufwuchs. Da aber seine Eltern, Lehrer und Mitmenschen nun eben wieder Menschen sind, die aus denselben Gründen keine Schuld haben können, ist die Schuld durch eine untaugliche Argumentation scheinbar aus der Welt geschaffen. Aber es bleibt die soziale Fehlleistung, und es fehlt jeder Ansatz zu ihrer Beseitigung.

Zur Ordnung sozialen Verhaltens darf man also offensichtlich nicht von der Existenz oder Nichtexistenz des freien Willens ausgehen.

Wenn man das subjektive Verhalten von Menschen auf seine möglicherweise auffindbaren kausalen Ursachen zurückzuführen versucht, dann bleibt in letzter Konsequenz nichts mehr von Recht, Moral, Schuld und Sühne, dann bleibt nur noch ein Problem des »Social Engineering«, das wegen seiner unvorstellbaren Komplexität unlösbar ist und bleiben wird. Außerdem bleiben Täter ohne den Vorwurf, schuldhaft gehandelt zu haben und ohne Anreiz, ihr Verhalten zu ändern: An allem ist ja die »Gesellschaft« schuldig. Nein: Ein praktikables Rechtswesen muß von der Fiktion Freiheit ausgehen, auf die naturwissenschaftliche »Freiheit« kann hier nicht Bezug genommen werden.

Natürlich muß auch dies mit Vernunft interpretiert werden: Man kann nicht unter Berufung auf die Freiheit des Menschen unerträgliche Zustände konservieren und die hierüber verzweifelten Menschen bestrafen. Auch diese extreme Haltung führt zu unerträglichen Konsequenzen. Ein vernünftiges Zusammenleben muß wohl auf einer mittleren Position aufbauen: einerseits die Freiheit des Individuums anerkennen und ihm Verdienst und Schuld zubilligen, andererseits aber die Voraussetzungen für ein sozial akzeptables Verhalten schaffen, unerträgliche Zustände also beseitigen.

Wenn wir die subjektiv empfundene Freiheit als Wahlmöglichkeit zwischen Verhaltensalternativen verstehen, dann können wir in den Auswahlprozeß die Feststellung einbringen, daß Fehlleistungen mit Nachteilen verbunden sind. Dies ist die operational verstandene Funktion der Schuld: »Schuld« besteht in einer möglichen, jedoch nicht erfolgten Anpassung an vorgegebene Normen.

Dem ist noch ein praktischer Gesichtspunkt hinzuzufügen: Zwischen Fehlleistung, Strafe und eventuell Verhaltensänderungen ergibt sich ein Regelkreis. Dieser sollte möglichst wenige Glieder umfassen. Je weiter der Weg von Fehlfunktion zur Korrektur ist, desto schwächer ist der Anreiz zur Korrektur normwidrigen Verhaltens.

Die obige – meines Erachtens falsche – These von F. Bauer beruht auf einem interessanten Sachverhalt an der Grenze zwischen Ideologie und Rationalität; dem, was Lemberg als »Aporie ideologischer Systeme«, als deren unüberwindbaren inneren Widerspruch erklärt[15]:

»Nur wenn es (das ideologische System) als Wahrheit auftritt und anerkannt wird, kann es seine Aufgabe erfüllen. Als das durchschaut, was es ist, nämlich als Instrument, verliert es seine Wirkung.«

Wer sich dessen bewußt ist, der gerät in eine unentscheidbare Situation (ähnlich der, die H. Albert[16] als »Münchhausen-Trilemma« bei der Suche nach Wahrheit beschrieb): Entweder er verrennt sich in immer weiterem Hinterfragen seiner Bewertungen, oder er unterwirft sich vertrauensvoll irgendeinem Wertsystem und verzichtet auf weiteres Hinterfragen. Aber welchem? Der Religion, und welcher? Oder einer innerweltlichen Ideologie, aber welcher?

Die »Aporie ideologischer Systeme« ebenso wie das »Münchhausen-Trilemma« zeigen die Grenze der menschlichen Denkfähigkeit. Es ist einfach ein Irrtum anzunehmen, man könnte durch ausschließlich innere Reflexion ein Weltbild erzeugen, man kommt ohne außermenschliche Informationsquellen nicht aus.

Bei der Suche nach Wahrheit ist die wichtigste außermenschliche Informationsquelle das naturwissenschaftliche Experiment.

Bei der Suche nach einer vertrauenswürdigen Ideologie ist die wichtigste Informationsquelle die Lebenserfahrung, welche Menschen vor uns gemacht haben: Manche Ideologien führten zu unerfreulichen Ergebnissen. Dies sollte man sich bewußt machen und nicht erneut dieselben Irrwege gehen.

Sicher aber ist, daß jeder Mensch seine Rationalität irgendwo aufgeben muß. Der Rest ist der Glaube, der sich nicht scheut, zu sein wie die Kinder.

Über die Minderheit, die den Wohlstand der Mehrheit schafft

»Der Boß kommt groß heraus,
dem Boß gehört das Haus,
dem Boß gehört der Bagger,
der Kran und auch der Acker,
und alles, was da ist – so'n Mist!
Der Boß steht meistens rum
und redet laut und dumm ...
Das hat doch keinen Zweck!
Der Boß geht besser weg!«

Und als der Boß gegangen war,
da guckten sie ganz dumm:
die Arbeit lief jetzt gar nicht mehr,
sie standen meistens rum.
Kein Auftrag kam und auch kein Lohn,
sie selbst, sie gingen stempeln.
Da sagt es einer klipp und klar
(der kürzlich kam von »drüben«):
So'n Boß muß eben wieder her,
wir müssen ihn nur finden.

(D. Süverkrüp)

Progressivität wurde bei uns zum krankhaften psycho-sozialen Syndrom. Da kamen zusammen:

- Weltfremde politische Vorstellungen mit absoluter Heilsgewißheit,
- Verachtung der Erfahrung,
- Obskure konkrete Prognosen (Adhocratie, Wegwerfgesellschaft, Marconi-Zeitalter, Dädalus-Mensch usw.),
- Rücksichtslose Zerstörung bewährter Verhaltensnormen (Rauschgift, Pornographie usw.),
- Hemmungslosigkeit bei der Durchsetzung politischer Ziele.

Vor allem die Technostruktur ist ein bevorzugtes Ziel dieser »progressiven« Gesellschaftskritik. Es stört sie nicht, daß die Verhältnisse bei uns (verglichen mit anderen Ländern) nicht extrem schlecht, sondern relativ gut sind.

Der Zorn, der die Priester Camillo Torres und Dom Helder Camara zum aktiven Kampf gegen unmenschliche Produktions- und Besitzverhältnisse trieb, mag in Südamerika begründbar sein. Der Zorn, den uns manche Gesellschaftskritiker in unserem Lande vorspielen, ist gekünstelt und unglaubwürdig.

Glaubt man den Sprüchen dieser »Progressiven«, dann gibt es in Zukunft wirtschaftliche, gesellschaftliche und politische Strukturen, bei denen jeder bei allem mitbestimmt und für nichts Verantwortung trägt. (»Jeder plant für jeden«.)

Ich glaube diesen Sprüchen nicht, ich bin vielmehr überzeugt davon, daß wir

1. auch in Zukunft Menschen unterschiedlicher Qualität und Funktion haben werden,
2. diese in Über- und Unterordnung zueinander stehen werden und
3. diese Strukturen von politischen Veränderungen ziemlich unberührt sein werden.

Es ist mir hierbei bewußt, daß diese Ansicht gar nicht »progressiv« ist. Aber man sollte sich bei Prognosen an der Wirklichkeit orientieren.

Alle industriellen Produktionsformen – ob im Osten oder im Westen, in der Gegenwart oder in der Zukunft – beruhen auf Arbeitsteilung und eingeschränkter Freiheit des Verhaltens. Da müssen Menschen Anweisungen befolgen, sind Normen und der Uhr als Instrumenten der Unterdrückung unterworfen. Diese Kritik ist wohlfeil, bloß hat noch niemand eine Alternative gefunden.

Alle zeitgemäßen arbeitsteiligen Produktionen setzen die integrative Funktion von Managern voraus. Es ist eine weltfremde Vorstellung, es könnte in Zukunft eine funktionierende Technostruktur ohne Manager geben, also ohne Menschen, die ein Übermaß an Fleiß, Sachkenntnis, Kreativität und Verantwortung einbringen. Der Manager ist eine Konstante im Wechsel der politischen Veränderungen.

Die Funktion des Managers in den sogenannten »sozialistischen« Ländern unterscheidet sich nur wenig von der ihrer Kollegen in den sogenannten »kapitalistischen« Ländern. Welch starke Stellung haben sachkundige Manager beispielsweise im sozialistischen Jugoslawien, und welch schreckliche Folgen hat das fehlende Management im sozialistischen Kuba! Der Wiederaufbau des 1945 total zerstörten Deutschland gelang deshalb so rasch und erfolgreich, weil es nicht nur viele fleißige Menschen gab, sondern auch Manager, die wußten, wie man Produktionen aufbaut. Wo Gewerkschaften erfolgreich sind, verdanken sie es einem geschickten Management.

Sucht man – jenseits aller angeblichen »Klasseninteressen« – nach

Strukturen, in denen man arbeitsteilige Gruppen zweckorientiert organisieren kann, dann stößt man immer wieder auf hierarchische Strukturen, also Strukturen, bei denen eine Anzahl untergeordneter Einheiten durch eine übergeordnete Einheit kontrolliert wird, diese wiederum durch nächsthöhere Instanzen usw., bis sich schließlich die altbekannte Baumstruktur ergibt (Bild 4).

Gegenwärtig kann man ohne intellektuelle Anstrengung seine Progressivität dadurch beweisen, daß man diese hierarchischen Strukturen in Grund und Boden verdammt. Dieses modernistische Getue verkennt nur das eine: Es gibt auch zur hierarchischen Struktur keine ernstzunehmende Alternative. Nicht zufällig hat die interne Organisation der Organismen in Versuch und Irrtum während Jahrmilliarden diese Organisationsstruktur als die optimale gefunden. Die Post hat – ohne klassenkämpferische Absichten – ihr Fernsprechnetz hierarchisch aufgebaut, mit Zentralämtern, die Hauptämtern vorgeordnet sind, diese wiederum den Knotenämtern und diese schließlich den Endämtern. Wenn man in einem Computer eine komplizierte Funktion realisiert, beispielsweise einen komplexen Speicher aufbaut, dann benützt man hierzu – wiederum ohne klassenkämpferische Absichten – regelmäßig hierarchische Strukturen.

Um das Maß unzeitgemäßer Überzeugungen voll zu machen: Man wird auch in Zukunft die übergeordneten Instanzen der Hierarchien mit Autorität ausstatten müssen. Die übergeordneten Instanzen der Hierarchie müssen ihre Funktionen ausführen können, ohne sie fortwährend zu begründen. Dies wird einem Flugkapitän oder operierenden Arzt zugestanden, bei einem »gewöhnlichen« Vorgesetzten erwartet man aber, daß er immer und zu jeder Zeit seine eigentliche Arbeit einstellt und ausgiebig begründet, weshalb er so handelt und nicht anders. Eine vernünftige Organisation muß die Entscheidenden für wesentliche Leistungen freihalten und darf sie nicht fortwährend durch Nebensächlichkeiten blokkieren.

Hier stehen sich zwei widersprüchliche Forderungen gegenüber: Einerseits müssen – im Interesse der Mitarbeiterschulung und der demokratischen Kontrolle – Entscheidungen transparent gemacht werden, und andererseits muß der Zeitaufwand für dieses Offenlegen in einem optimalen Verhältnis zu den eigentlichen Funktionen des Verantwortlichen stehen. Besonders die gegenwärtige Universitätsorganisation ist von diesem Optimum weit entfernt.

Wesentliche Merkmale des Managers sind meines Erachtens die Fähigkeit, eine arbeitsteilige Kooperation zielgerecht zu organisieren, in der Entscheidungshierarchie eine gewisse Höhe einzunehmen und Verantwortung zu tragen.

Durch unsere gegenwärtige Gesellschaftskritik geistert die Vorstellung, man könnte unseren Staat und unsere Wirtschaft dadurch »demokratisieren«, daß man vor jeder Entscheidung eine Art demoskopischer Umfrage anstellt, welche Entscheidungsalternative nun den stärksten Anklang in der Öffentlichkeit findet. Daß es ganz so einfach nicht geht, hat sich schon herumgesprochen: Man muß zuerst einmal die Sachverhalte in leichtverständlicher Weise darstellen, so daß die Abstimmenden überhaupt wissen, worüber abgestimmt wird. Aber kann man nicht durch entsprechende Darstellung Sympathie und Antipathie erzeugen? Hat einst nicht eine qualifizierte Mehrheit für Kanonen und gegen Butter votiert? Die geschichtliche Erfahrung spricht gegen diese Art von Demokratisierung: Wer Verantwortung trägt und bereit ist, sein Verhalten im Zusammenhang zu begründen, entscheidet anders und gründlicher als die anonyme Versuchsperson X, deren schwankende Meinung zu einem Promille in das Befragungsergebnis eingeflossen ist.

Die Fähigkeit, publikumswirksame Dinge aus guten Gründen *nicht* zu tun, ist eine Leistung verantwortungsbewußter Politiker und Manager, auf die wir auch in Zukunft nicht verzichten können.

Hier sollte einigen publikumswirksamen Platitüden der »Progessiven« entgegengetreten werden. In Wirklichkeit ist das Problem der Gruppenentscheidung komplexer als hier dargestellt wurde. Es gibt gute Gründe *für* die Gruppenentscheidung, so vor allem der akkumulierte Sachverstand, die erzieherische Wirkung, die Verstärkung der Kommunikation und die subjektive Anerkennung. Diesen Gründen stehen andere Gründe gegenüber, so vor allem gruppenpsychologische Fehlfunktionen, Langsamkeit, Schwerfälligkeit, Anfälligkeit gegenüber eloquenten Formulierungen usw.

Ernstzunehmende Untersuchungen[17] zeigen, daß die meisten Manager ein positives Verhältnis zur Delegation von Verantwortung haben, Teamarbeit befürworten und vor Entscheidungen gern den Rat von Experten einholen.

Sicher aber ist dies: Der Manager trägt ein außergewöhnliches Maß der Last, die unsere Kulturhöhe begründet. Während im Mittel die Arbeitszeit und häufig auch die Anstrengung sinkt, zeigt sich bei den Managern die entgegengesetzte Tendenz. Sie müssen mehr und härter arbeiten, sie müssen immer mehr Sachkenntnis, Kreativität und Fleiß einbringen und immer schwerere Verantwortung tragen.

In unserer Zeit entdecken die Experten etwas Schockierendes: Das Denken und Verhalten der Menschen unserer angeblich aufgeklärten Zeit ist überwiegend bestimmt durch Motive und Modellvorstellungen, die wir mit den höheren Tieren gemeinsam haben. Die öffentliche Aufmerksamkeit für die Verhaltensforschung rührt nicht aus unserem wissenschaftlichen Interesse für Graugänse, vielmehr aus der Vermutung, daß wir hier mehr über den Menschen erfahren können als aus dem Spiegel.

Unter den archaischen Antrieben ist der Neid einer der stärksten. H. Schoeck[18] kommt zu einer deprimierenden Entdeckung: »... es dürfte ein Kriterium für die Reife einer Zivilisation ... sein, diese im Menschen von Anfang an vorhandene Furcht vor dem Neid seiner Mitmenschen ... weitgehend einzudämmen. In unserem Jahrhundert kann man allerdings gerade in den hochentwickelten Industriegesellschaften ... atavistische Rückfälle ins Neidverhalten unserer Vorfahren, bei manchen Verhaltensformen sogar ins Neidverhalten der Naturvölker beobachten.«

Vermutlich bestimmt dieser atavistische Neid vielfach das Verhältnis der Öffentlichkeit zum Manager: Man sieht, daß er mehr Geld verdient und teurere Autos fährt, man übersieht aber, daß er mehr leistet. Der Neid auf den vordergründig besser gestellten Zeitgenossen wird so zur gesellschaftskritischen Masche, mit der man leicht publizistisch Profite machen kann.

Wer in unserer Zeit und komplexen Kultur Entscheidungen treffen muß, der sucht Kompromisse. Welche Alternative ist die optimale bei all den Kriterien, welche auf die Entscheidung Einfluß haben: die verschiedenen widersprüchlichen technischen, wirtschaftlichen, politischen, psycho-sozialen usw. Einige dieser Kriterien können berücksichtigt werden, andere nicht. Es ist immer leicht, aus den unterlegenen Kriterien einige herauszusuchen und publizistisch aufzubauschen. Der Manager wird so aus der Komplexität seiner Funktion heraus zum leichten Opfer von Kritik. Publizistisch unangreifbar sind die Leute, die keine Verantwortung tragen und sich nicht mit der Realität auseinandersetzen müssen. Am grünen Tisch und ohne Verantwortung kann man leicht eine unangreifbare Attitüde aufbauen, wer aber Verantwortung trägt und z. B. eine Produktion organisiert, der muß schmutzige Finger in Kauf nehmen.

Unerträglich ist aber die vorwurfsvolle Unschuldsmiene der Leute, deren Unschuld darauf beruht, daß andere für sie die Dreckarbeit leisten.

Eine kritische Situation entsteht für viele Manager im Zusammenhang mit dem Umweltschutz: Der Umweltschutz ist eine »Antiproduktion«. Während bei der normalen Produktion erwünschte Güter hergestellt werden, müssen beim Umweltschutz unerwünschte Güter beseitigt werden. Aus dieser Anti-Funktion des Umweltschutzes ergibt sich auch seine Schwierigkeit, mit den bei uns üblichen Methoden gelöst zu werden. Für den Umweltschutz gibt es praktisch keinen marktwirtschaftlichen Anreiz. Man kann zwar leicht die persönliche Eitelkeit dafür aktivieren, Milliarden für Automobile auszugeben, aber es gibt keinen vergleichbaren Anreiz, Milliarden für den Umweltschutz auszugeben. Der Umweltschutz gehört – wie z. B. das Bildungssystem oder das Gesundheitswesen – zu den Aufgaben, die offensichtlich nicht marktwirtschaftlich im engeren Sinn gelöst werden können (siehe hierzu S. 109 f.).

Es ist aber unverantwortlich, den Umweltschutz zu einer Hexenjagd auf die Industrie zu machen. Man kann von dem Unternehmer, der verbotswidrig Gift in den Rhein schüttet, nicht schließen, alle oder die meisten Unternehmer handelten verantwortungslos.

Wer guten Willens ist, der muß zugestehen, daß die Unternehmer mehrheitlich vernünftig reagierten, als das Problem der Umweltzerstörung erkannt war.

Die Leute, die heute so exaltiert schimpfen, haben großenteils noch vor kurzem das Problem so wenig durchschaut wie die Unternehmer. Ich meine, es ist jetzt keine Zeit, sich gegenseitig zu beschimpfen, vielmehr sollten wir gemeinsam nach praktikablen Lösungen suchen.

Der Manager ist eine Konstante im Wechsel der politischen Veränderungen. Das Denken und Verhalten des Managers darf aber nicht konstant sein. Er muß vielmehr mit außergewöhnlicher Klarheit die Situation durchschauen und die hier und jetzt optimalen Entscheidungen treffen. Hierfür muß der Manager über ein ständig wachsendes Repertoire an Denk- und Verhaltensformen verfügen, er muß kreativ sein und das »Geist-Kapital« einbringen[19], ohne das Kapital und Arbeit in unserer Zeit nicht mehr gedeihen.

Man kommt aber kaum um die Einsicht herum: Im Mittel ist der Manager in unserem Lande nicht sehr kreativ. »Der deutsche Manager entscheidet erst, wenn es gar nicht mehr anders geht ... Niemand kann leugnen, daß die äußeren und inneren Gegebenheiten in der Neuen Welt den Manager eher zur Entscheidung und damit zur Anwendung aller Entscheidungswerkzeuge ... stimulieren kann als in unserem Lande, wo kluge Taktik im persönlichen Interesse mit den Notwendigkeiten des Unternehmenszwecks oft mehr kollidiert als harmoniert. Bis zu welchem Grad dieses sozialpsychologische Phänomen bei der Einschätzung des Management-Gaps eine Rolle spielt, bleibt dem einzelnen und seinem Mut zur Wahrheit überlassen[20].«

Diese Unbeweglichkeit und Gleichgültigkeit gilt auch für die Stellung des Managers in der Gesellschaft: Er überläßt die öffentliche Auseinandersetzung politischen Kräften, die dem Management nicht wohlgesonnen sind. Hier herrscht die Ansicht: »Was da geredet und geschrieben wird, das betrifft mich doch nicht. In meinem Betrieb, da habe ich das Sagen.«

Möglicherweise ist diese Gleichgültigkeit langfristig sehr gefährlich. Politische Veränderungen beginnen als Veränderungen im Denken, Reden und Schreiben der Menschen. Wenn sich für gefährliche Veränderungen erst einmal entschlossene Mehrheiten gebildet haben, dann kommt das Wehklagen zu spät.

Das Management sollte die Dynamik der Universitätszerstörung in unserem Lande genau analysieren und auf Abhilfe sinnen, bevor auch im industriellen und wirtschaftlichen Bereich durch »progressive« Veränderungen die Entscheidungsstrukturen lahmgelegt sind.

Not lehrt denken, aber Verantwortung lehrt schweigen. Manager leiden (gegenwärtig) keine äußere Not, tragen aber Verantwortung: Kein Wunder, daß über Funktion und Bedeutung des Managers kaum nachgedacht wird, oder doch vorwiegend über seine »inneren« Probleme, kaum aber über seine »äußeren«. Viele Manager scheinen zu glauben, sie könnten unreflektiert und ohne theoretische Begründung diese Zeit härtester ideologischer Auseinandersetzungen überstehen, gewissermaßen mit Voll-Kasko-Versicherung.

Ich glaube nicht, daß eine solche Haltung noch lange möglich ist. Die von den Universitäten ausgehenden Unruhen werden im nächsten Jahrzehnt vermutlich auch die Betriebe erfassen.

Aus der Universitätszerstörung sollten die Manager wenigstens das eine gelernt haben: Wenn die Verantwortlichen einer funktionierenden Struktur sich mit den Argumenten ihrer Gegner nicht rechtzeitig auseinandersetzen, dann können sie keinen Widerstand leisten und werden plötzlich überrumpelt. Unsere Universitäten wären heute nicht in einem so jämmerlichen Zustand, wenn die Universitätslehrer sich nicht so kurzsichtig der Diskussion ihrer äußeren Funktion verschlossen und sinnvolle Reformen rechtzeitig durchgeführt hätten.

Um naheliegenden, ortsüblichen Mißdeutungen vorzubeugen: Unsere Universitäten konnten nicht mehr im Zustand des Jahres 1960 weiterexistieren, sie mußten reformiert werden. Sie hätten aber nicht zu Stätten permanenter Klassenkämpfe umfunktioniert werden müssen, man hätte sich auch daran orientieren können, wie maximale Erfolge in Forschung und Lehre realisiert werden können.

Vermutlich stehen die Manager heute vor einer ähnlichen Situation wie die Hochschullehrer im Jahre 1960. Entweder betreiben sie weiter Nabelschau und werden von einer Entwicklung überrumpelt, die sie nicht mehr kontrollieren können, oder aber sie denken über ihre soziale Funktion gründlich nach, überzeugen die Öffentlichkeit und führen die Reformen rechtzeitig durch, die unserer Situation angemessen sind.

Es ist unverantwortlich, wenn Manager auch heutzutage noch glauben, sie könnten ihre Funktion im Stile des 19. Jahrhunderts, patriarchalisch, wohlwollend und autokratisch weiterpraktizieren. Wer notwendige soziale Positionen funktionsfähig erhalten will, der muß unhaltbare Positionen rechtzeitig räumen und die haltbaren mit Überzeugung verteidigen.

Manager dürfen keine »Technokraten« im Sinne der gegenwärtigen Gesellschaftskritik sein. Eine ausführliche Untersuchung des »Technokratie«-Problems findet sich vor allem bei H. Lenk[21]. Verkürzt kann man das Problem so darstellen: Man muß bewußt unterscheiden zwischen den Zielen und andererseits der Technik, mit der die Ziele angesteuert werden. Bedenklich ist es, wenn Experten aus Faszination durch technische Möglichkeiten vergessen, was mit diesen Mitteln überhaupt erreicht werden soll.

Wenn Manager zu Technokraten werden, geben sie die geistige Haltung auf, die Voraussetzung verantwortlichen Handelns ist. Die hierarchische Struktur funktioniert nur dann, wenn die Verantwortlichen die Einfügung ihrer Tätigkeit in den größeren Rahmen verstehen und übergeordnete Ziele bewußt akzeptieren. So darf der Manager der Abteilung nicht ressort-egoistisch seine Ziele gegenüber denen des Betriebs durchsetzen, wenn das Ganze nicht leiden soll. Entsprechend darf der Betriebsmanager seine Ziele nicht egoistisch gegenüber den gesamtwirtschaftlichen Zielen durchsetzen, und schließlich darf die Gesamtwirtschaft ihre Ziele nicht egoistisch gegenüber den Belangen des Staates und der Gesellschaft durchsetzen. In diesem Sinne sagte ich wiederholt: Wir sind auf dem Wege von der naiven Marktwirtschaft über die aufgeklärte Marktwirtschaft zu einer aufgeklärten Politik, die nicht vorwiegend durch die Wirtschaft bestimmt ist, wo vielmehr Wirtschaft, technischer Fortschritt und die anderen Formen des Verhaltens ihrem eigentlichen Zweck untergeordnet werden, nämlich menschliches Leben zu ermöglichen.

Die Kontrolle des technischen Fortschritts und der Wirtschaft setzt Klarheit über die Ziele voraus: Vorläufig besteht aber wenig Klarheit darüber, wohin das Fortschreiten führen soll.

Welch groteske Konsequenzen diese allgemeine Unklarheit hat, zeigt folgendes: Um die sozialen Folgen der Automatisierung, vor allem die Freisetzung von Arbeitskräften, auffangen zu können, muß die Produktion Jahr um Jahr um x Prozente wachsen. Das fortgesetzte jährliche Wachstum um x Prozent ist aber systemtheoretisch ein explosiver Vorgang, der nicht unbegrenzt weitergehen kann, ohne daß das System zerstört wird. Ein erstes Warnungszeichen der Systemzerstörung ist die Umweltzerstörung, weitere Warnungszeichen kommen aus dem psychosozialen Bereich. Etwas überspitzt könnte man unsere gegenwärtige Situation so kennzeichnen: Um die kurzfristigen sozialen Folgen des technischen Fortschritts ausgleichen zu können, muß die industrielle Entwicklung einen Weg gehen, der langfristig schwere soziale Gefahren erzeugt.

Am deutlichsten zeigen sich diese Probleme bei der Zunahme der Kraftfahrzeuge. Gegenwärtig gibt es in der Bundesrepublik Deutschland annähernd 14 Millionen Personenkraftwagen. Im Jahre 1985 dürften es etwa 18 bis 20 Millionen sein – falls es so weitergeht wie bisher. Wer nicht in technokratischer Beschränktheit verhaftet ist, der muß erkennen: So wie bisher kann es einfach nicht mehr lange weitergehen! Die Toten und Verletzten auf unseren Straßen, die ständige Überforderung des Menschen im Verkehr, die Umweltzerstörung und die rapide wachsenden Aufwendungen für den Straßenbau markieren eine Entwicklung, die im übergeordneten Interesse nicht mehr wünschenswert ist. Wer hier nicht in wirtschaftlicher Euphorie erblindet ist, der muß auf grundsätzlichen und wirkungsvollen Wandel sinnen, vor allem auf Verlagerung des Verkehrs vom Individualverkehr hin zum öffentlichen Verkehr.

Ohne Zweifel wird diese Verlagerung für viele Manager materielle und ideelle Verluste bringen. Hier entscheidet sich, ob Manager angesichts der existenziellen Probleme unserer Zeit sich als Technokraten verhalten und die Macht einer unaufhaltsamen Entwicklung ihren Gegnern überlassen wollen, oder ob Manager sich bewußt den Problemen ihrer Zeit stellen und unhaltbare Positionen aufgeben, um haltbare Positionen erfolgreich verteidigen zu können.

Solange der Manager wirtschaftliches Geschehen als Selbstzweck versteht, ist er meines Erachtens hinter dem Bewußtseinsstand unserer historischen Entwicklung zurückgeblieben. Es ist einfach zu wenig, wenn unsere Überlegungen bei Wachstum, Vollbeschäftigung und Geldwertstabilität aufhören. Wir müssen weiter ausholen und überlegen, was geschehen muß, um die menschliche Kultur zu erhalten.

H. Pross[22] beklagte, daß Manager so wenig Zeit für eigene Weiterbildung verwenden (etwa 5 Prozent der gesamten, also auch der zu Hause, am Abend oder am Wochenende aufgebrachten Arbeitszeit). Wer mit Managern über grundsätzliche Fragen diskutiert, sieht die Folgen. Häufig herrscht ein Pragmatismus, der kein Verständnis für übergeordnete Probleme ermöglicht: »Bisher hat sich doch auch alles wieder eingerenkt, nichts wird so heiß gegessen, wie es gekocht wird usw.«

Besonders deutlich zeigt sich, daß Manager oft in philosophischen Vorurteilen verharren, die schon vor einem Menschenalter abgestanden waren. Vor einer aggressiven Kritik, deren Haupttätigkeit die ideologische Auseinandersetzung und dialektische Schulung ist, zerfällt diese altbackene Grundposition dann häufig in Hilflosigkeit und Blamage. Vor allem der Bundestagswahlkampf 1972 zeigte ein vielfach groteskes Mißverhältnis von Einsicht und Aufwand.

Hier müssen Manager schleunigst auf Abhilfe sinnen. Die Position des Managers muß mit derselben Schärfe theoretisch fundiert werden wie die Position ihrer Gegner. Nach meiner Überzeugung können Manager ihre Position nicht mehr länger mit der idealistisch-romantischen deutschen Ideologie begründen, die nichts als einen Appell an patriarchalische Gefühle bringen kann, sondern müssen sich einer modernen philosophischen Theorie bedienen.

Die »herrschende Klasse« spielt in unserer Gesellschaftskritik eine zentrale Rolle. Möglicherweise verbarg sich einst hinter diesem Begriff etwas Definierbares. Angesichts der Hilflosigkeit, mit der gegenwärtig die Interessen der Verantwortlichen in Staat, Wirtschaft und Wissenschaft öffentlich vertreten – oder besser gesagt: nicht vertreten – werden, erweist sich die Vorstellung einer »herrschenden Klasse« als ein Klischee von totaler Absurdität. Es gelingt weder die Interessen der Verantwortlichen zu klären, noch sie politisch zu artikulieren, noch publizistisch darzustellen. Hierzu fehlt nicht nur das Bewußtsein der Gemeinsamkeit, hierzu fehlen ebenso die Geldmittel und der Einfluß auf die Publizistik.

Ich beklage dies nicht, weil ich Advokat der »herrschenden Klasse« bin, sondern weil eine erfreuliche Entwicklung die Wahrung aller Interessen voraussetzt. Unser Wohlstand hängt davon ab, daß die Minorität, die ein Übermaß an Fleiß, Sachverstand, Kreativität und Verantwortung einbringt, nicht resigniert.

Daß diese Gefahr tatsächlich besteht, zeigt nicht nur die abnehmende Zahl freier Unternehmer und das (demoskopisch ermittelte) sinkende Ansehen der Unternehmer in der Bundesrepublik Deutschland. Dies zeigen auch die Abwanderungstendenzen hochwertiger Wissenschaftler, z. B. in Richtung Schweiz oder Österreich. Noch vor wenigen Jahren war es für einen Professor eine Ehre, Dekan oder Rektor einer Universität zu werden, heutzutage muß man die Kandidaten geradezu nötigen.

Wenn diese Minorität Verantwortlicher resigniert, dann wird aus den Reihen linientreuer Funktionäre kein besserer Ersatz nachwachsen und der Wohlstand der Majorität nicht zu- sondern abnehmen.

Aus schlechter Philosophie kommt falsches Verhalten

Der Vergleich der typischen politischen Systeme in Ost und West führt unter anderem auf folgende zwei grundsätzliche Unterschiede:

- Westliche Systeme bieten ihren Bürgern mehr Freiheit, mehr Verhaltensalternativen und damit den meisten mehr subjektive Befriedigung.
- Westliche Systeme haben keine durchdachte Theorie und deshalb keine konsequente Politik, dafür aber viele innere Konflikte und eine geringe Effizienz politischen Handelns.

Diese beiden Unterschiede hängen teilweise innerlich zusammen: Man kann eine Gesellschaft entweder in den Zustand maximalen Gehorsams oder maximaler Kreativität versetzen, beides zugleich geht aber nicht.

Aber diese beiden Unterschiede schließen sich nur teilweise, keinesfalls vollständig aus: Man kann eine freiheitliche Gesellschaft mit derselben Ernsthaftigkeit theoretisch begründen wie eine sozialistische Gesellschaft, man kann die Voraussetzungen der Freiheit durchdenken und planen; man kann aber auch die Freiheit verspielen, weil man ihre Voraussetzungen nicht durchdacht hat. Eine freiheitlich organisierte Gesellschaft gerät ohne theoretische Begründung leicht in einen Kampf aller gegen alle und wird schließlich durch den Mißbrauch der Freiheit zerstört. Dieses zu verhindern, setzt ein abgewogenes Verhältnis zu der Möglichkeit »Freiheit« voraus.

Die Stärke der sozialistischen Gesellschaften (z. B. in der DDR oder in der Sowjetunion) liegt darin, daß dort ein zusammenhängendes theoretisches System von der Ideologie über alle Fachwissenschaften bis hin zum praktischen Handeln, vor allem politischen Handeln führt.

Dieser fugenlose Zusammenhang von Theorie und Praxis zeigt sich deutlich z. B. in dem Lehrbuch »Marxistische Philosophie[23]«:

»Die Welt bildet einen einheitlichen Zusammenhang, in dem alles Existierende Entwicklungsform oder Entwicklungsprodukt der in Raum und Zeit sich bewegende Materie ist.«

In der Bundesrepublik gibt es zwar viele konkurrierende philosophische Schulen, aber keine davon ist so durchdacht und an der Praxis geprüft wie der zeitgenössische Marxismus-Leninismus. Vor allem sind sie für die Praxis unwirksam. Zwischen Theoretikern und Praktikern herrscht in unserem Lande abgrundtiefes Mißverständnis, vielfach sogar Verachtung: Man ist stolz darauf, Pragmatiker zu sein, sich von den weltfremden Gedankengängen der Theoretiker nicht verwirren zu lassen und einen »gesunden Blick« für die Realität zu haben.

Die Stärke des etablierten Marxismus-Leninismus ist seine theoretische Geschlossenheit und seine zwingende Wirkung in der Praxis; seine Schwäche ist unter anderem seine Unvollkommenheit: Wo es um spezifisch Menschliches geht, um Freiheit, Kreativität und Eigentum, ist er verständnislos.

Grotesk ist: Das, was die Stärke des etablierten Marxismus-Leninismus ausmacht, sein starker Praxisbezug, wird von den Spätmarxisten in unserem Lande großenteils aufgegeben. Sie sprechen zwar fortwährend von der Praxis, haben tatsächlich aber kein Verständnis für die Praxis.

Weder die hermeneutische Philosophie – die an Worten klebt und die Realität übersieht – noch der kritische Rationalismus – der die Methodik zum Ziel gemacht hat – ermöglicht in unserem Lande eine philosophische Haltung, die gegen den Marxismus-Leninismus erfolgreich sein könnte.

Die entscheidende Frage für den Fortbestand unserer freiheitlichen Gesellschaftsform ist deshalb, ob wir eine überlegene theoretische Begründung aufbauen können, bevor dieses politische System an seiner gegenwärtigen theoretischen Schwäche zugrundegeht.

Eine solche wirkungsvolle theoretische Begründung kann nur eine Philosophie liefern, welche alles Geschehen als ein zusammenhängendes Geflecht von Ursache und Wirkung versteht und keine Bereiche der Irrationalität akzeptiert.

Diese Überzeugung könnte in unserem Land als unwichtige Randerscheinung abgetan werden. Aber diese erwartbare Fehleinschätzung zeigt gerade die bei uns verbreitete Selbsttäuschung: aus schlechter

Philosophie kommt falsches Verhalten.

Die bei uns vorherrschende Vorstellung eines isolierbaren »Geistes«, der dem Nexus von Ursache und Wirkung entzogen und von der Materie abtrennbar ist, erweist sich als Ausgangspunkt der allgemeinen Orientierungslosigkeit und damit der Inkonsequenz und Konfusität des Verhaltens.

Das gegenwärtige Revolutionstheater in unserem Lande wäre nicht möglich ohne die idealistische Philosophie und deren Interpretation durch H. Marcuse. Hierbei wird die Mitschuld unserer philosophierenden Naturwissenschaftler nicht nur durch die Häufigkeit ihrer Zitierung belegt. Aus ihrer Philosophie konnte nichts Besseres entstehen als die Wahnideen unserer zeitgenössischen Revolutionäre.

Man muß zwei Sachverhalte trennen, die häufig durcheinandergebracht werden: Das Denken und Verhalten des Menschen ist wesentlich durch irrationale Komponenten bestimmt, durch Werte, Ziele und Vorurteile. Diese sind keinesfalls minderwertig, sie machen das spezifisch Menschliche aus.

Aber diese irrationalen Komponenten des menschlichen Denkens und Verhaltens sind der rationalen Analyse zugänglich.

Unsere Schwierigkeit, lebenswichtige Probleme zu lösen, hängt eng hiermit zusammen: Humane Lösungen unserer Probleme sind zwangsläufig Brücken zwischen unseren Wünschen und der Realität.

Die schlimmen Folgen des bei uns verbreiteten zweigeteilten Weltverständnisses zeigen sich an vielen Tatsachen, z. B. an der Nutzlosigkeit unserer gegenwärtigen Gesellschaftskritik und an der Wirkungslosigkeit unserer moralischen Verhaltenssteuerung.

Der größte Teil der bei uns gegenwärtig dominierenden Gesellschaftskritik ist dadurch gekennzeichnet, daß ein realisiertes politisches System an einem theoretischen Ideal gemessen wird und hierbei schlecht abschneidet. Die Kritik lebt vielfach von der Illusion einer Gesellschaft, in der Menschen paradiesisch zusammenleben, in der sie nicht auf eigene Vorteile bedacht sind, nicht streiten und herrschaftsfrei zusammenarbeiten. In dieser heilen Hinterwelt braucht man dann keine hierarchischen Organisationsstrukturen mehr, keine Autorität, kein Gericht und keine Polizei.

Diese Gesellschaftskritiker stört es nicht, daß bisher keine derartige Gesellschaftskonstruktion gelungen ist, sie konservieren ihre Idee so, als ob sie nicht längst durch die Praxis vielfach widerlegt worden wäre. Diese

Pseudo-Gesellschaftskritik verbessert unsere Realität nicht und ist somit im schlechten Sinne konservativ. Ein derartig weltfremdes Getue ist nur möglich, weil es in eine dualistisch-idealistische Hinterwelt eingebettet ist, in welcher der Wert von Zukunftsentwürfen nicht an der Praxis gemessen wird.

Ein anderes Beispiel für die unheilvolle Wirkung des praxisfernen Denkens ist der Zusammenbruch der moralischen Verhaltenssteuerungen in unserem Lande. Man erkennt nicht, daß Voraussetzung jeder glaubwürdigen und durchsetzbaren Verhaltensnorm in unserer Zeit ihre Begründung durch verstehbare Notwendigkeiten ist. Die bemerkenswerteste Veränderung unserer Zeit ist ja gar nicht die Aufgabe von Normen, sondern die Art ihrer Begründung: Es geht jetzt nicht mehr um metaphysische Rechtfertigung, sondern um die Einsicht in die Folgen von Normverstößen und damit um die Einbettung der Moral in ein zusammenhängendes theoretisches System.

Damit hängt der Niedergang unserer christlichen Kirchen eng zusammen. Um jedem Mißverständnis vorzubeugen: Ich beklage diesen Niedergang und möchte dazu beitragen, daß die Kirchen wieder glaubwürdig werden. Glaubwürdig zu sein, setzt aber gute Gründe für die Botschaft voraus. Gibt es eine bessere Begründung als die: Das Christentum hat in unsere Zeit Denk- und Verhaltensformen gebracht, die besser sind als die Denk- und Verhaltensformen, die sonst gefunden wurden. Dieser Feststellung kann ein Skeptiker unter Bezug auf die Praxis nur schwer widersprechen, sie begründet meines Erachtens einen Anspruch der christlichen Lehre, der sich nicht fortwährend in unglaubwürdiger Weise abschirmen muß.

Ich halte es also aus vielen Gründen für eine Voraussetzung zur Erhaltung unserer Gesellschaftsform, die bisherige Trennung von Geist und Materie aufzugeben und ein zusammenhängendes theoretisches System zu entwickeln, das aber – im Gegensatz zum Marxismus-Leninismus – nicht vor dem Verständnis von Freiheit, Kreativität und Eigentum versagt. Ein solches theoretisches System wird meines Erachtens aus der kybernetischen Anthropologie entstehen. Als kybernetische Anthropologie sei die (zukünftige) Wissenschaft bezeichnet, welche menschliches Denken und Verhalten auf die Wirkung informationeller Strukturen zurückführt[24].

Durch die gedankliche Konfrontation von Mensch und Maschine werden diese Probleme besonders deutlich. Ein naiver Vergleich von »Mensch und Maschine« kommt ja häufig zu schnellen und endgültigen Aussagen etwa der Art: Eine Maschine kann – im Gegensatz zum Menschen – sich nicht freuen, nicht lieben, nicht kreativ sein usw. Derartige Argumente hat der Mathematiker A. M. Turing schon vor mehr als 20 Jahren aufgelistet und abgelegt.

Vordergründig kann man tatsächlich viele Unterschiede zwischen Mensch und Maschine feststellen:

Der Mensch ist lebendig, d. h. er wächst und vermehrt sich auf Grund von Stoffwechselvorgängen, die Maschine jedoch ist tot, sie wird fremd produziert und ist meist außerstande, sich zu verbessern und zu vermehren.

Die Veränderung des Menschen wird durch die biologische und kulturelle Entwicklung bestimmt, die Veränderung der Maschine durch die Verbesserung ihrer Produktion.

Der Aufbau des Menschen kennt keine drehende Welle und kein Rad, und sein Verhalten ist wenig konstant, die Maschine kann drehende Wellen und Räder haben und zeigt meist ziemlich konstante Funktionen. Der Mensch ist wahrnehmungsfähig, lernfähig und gesellschaftlicher Kooperation fähig, während diese Fähigkeiten nach vorherrschender Überzeugung der Maschine abgehen.

Der Mensch ist als Individuum oder als Gesellschaft Selbstzweck oder wenigstens Träger eines bewußten Zweckes, während die Maschine immer konstruiert und produziert wird, um irgendwelche menschlichen Zwecke (oder möglicherweise auch unmenschliche, aber von Menschen vorgegebene Zwecke) zu erfüllen.

Es ist keine neue und keine originelle Vermutung, daß diese vordergründig so gewichtigen Unterscheidungen bei gründlicherer Betrachtung verschwinden könnten: Sie steckt schon in der Prometheus-Sage, sie findet sich in der einen oder anderen Form bei Demokrit, Lukrez, La Mettrie, eingeschränkt auch bei Descartes. Vor 70 Jahren vertrat vor allem Ernst Haeckel diese Ansicht, neuerdings unter anderem der Nobelpreisträger Jacques Monod mit seinem Buch »Zufall und Notwendigkeit«[25].

Er schreibt dort: »Verzichten wir auf die Illusion, in der Seele eine ›immaterielle Substanz‹ zu sehen, dann leugnen wir nicht deren Existenz, sondern wir beginnen im Gegenteil, die Komplexität, den Reichtum und die unergründliche Tiefe des genetischen und des kulturellen Erbes wie auch der bewußten und unbewußten persönlichen Erfahrung zu erkennen, die zusammen das Wesen ausmachen, das sich in uns einmalig und unwiderleglich selber bezeugt.«

Die entscheidende Frage ist: Reichen die naturwissenschaftlichen Gesetze, wie sie vor allem durch die Physik, Chemie, Biochemie, Kybernetik usw. angeboten werden, aus, nicht nur die Funktion der Maschinen, sondern auch die Funktion des Menschen zu beschreiben? Oder braucht man zum Verständnis des Menschen zusätzliche Kategorien, die mehr als komplexe Anwendungen naturwissenschaftlicher Gesetze sind?

Die Annahme, daß die naturwissenschaftlichen Gesetze ausreichen und grundsätzlich keine weiteren Kategorien notwendig sind, entspricht etwa der monistischen Denkweise, während die Annahme zusätzlicher Kategorien (z. B. »Geist«, »Entelechie« usw.) etwa der dualistischen Denkweise entspricht.

Die theoretischen Voraussetzungen zum Verständnis des Menschen und die theoretischen Voraussetzungen zum Verständnis der Maschine waren einst getrennt und weit voneinander entfernt. Die wissenschaftliche Entwicklung der letzten Zeit hat aber zu immer stärkeren Annäherungen geführt. Diese kommen aus zwei verschiedenen Richtungen:

Einerseits werden die biologischen Wissenschaften immer stärker »physikalisiert«, d. h., man begnügt sich nicht mehr mit der Beschreibung der Arten und ihrer Klassifikation, man sucht nach Gründen, weshalb es so ist, wie es ist und gerät hierbei immer mehr in den Denkstil, der für die Physik typisch ist. Einige Begriffe verweisen hierauf: Physiologie, Biochemie, Psychosomatik usw.

Andererseits entstehen technische Gebilde, die immer mehr »organische« Eigenschaften haben, die ihre Funktion regeln, die sich an gegebene Außenweltbedingungen anpassen, einfache Sachverhalte wahrnehmen können und sich etwas merken können.

Die Annäherung der früher offensichtlich getrennten Wissensgebiete ist in verschiedenen Wissenschaftsbereichen verschieden weit gediehen. Während beispielsweise in der Physiologie das physikalische Denken uneingeschränkt selbstverständlich ist, hat die Psychologie (wenigstens in den westlichen Ländern) ihre Abhängigkeit von physikalischen Sachverhalten weitgehend verdrängt, sie erscheint bei uns als eine frei im Raume schwebende Wissenschaft, die sich ihres Zusammenhangs mit anderen Wissenschaften vorläufig nur wenig bewußt ist.

Doch betrachten wir zunächst die Ausweitung der biologischen Wissenschaften in Richtung auf die Physik an einigen konkreten Beispielen:

F. Wöhler entdeckte im Jahre 1828, daß organische Substanzen aus anorganischen aufgebaut werden können und hierzu keine anderen Zutaten gebraucht werden als zum Aufbau der anorganischen Substanzen.

I. L. Miller publizierte im Jahre 1959 seine erfolgreichen Versuche, mit den in der Uratmosphäre der Erde herrschenden Bedingungen Aminosäuren synthetisch zu erzeugen.

Crick, Watson und Wilkins entdeckten in den fünfziger Jahren, daß die Bauvorschriften für Tiere, Pflanzen und Menschen durch physikalisch-chemisch identifizierte Strukturen, die DNS-Ketten, codiert an die nachfolgenden Generationen weitergegeben werden.

Charles Darwin vermutete im 19. Jahrhundert, daß die tierischen und pflanzlichen Arten auf Grund naturwissenschaftlich verstehbarer Mechanismen auseinander hervorgehen. Diese Vermutung ist heute praktisch zur Gewißheit geworden.

R. Wagner entdeckte 1925 bis 1927, daß die Anpassung der Skelet-Muskelkraft an die äußeren Bedingungen mit den mathematisch-physikalischen Methoden der Regelungslehre beschrieben werden kann.

I. P. Pawlow entdeckte zu Anfang des 20. Jahrhunderts, daß tierisches Verhalten durch naturwissenschaftlich verstehbare Mechanismen, die bedingten Reflexe, verändert werden kann.

Die Psychoanalyse steht zwar häufig unter dem Verdacht, Argumente gegen erfahrungswissenschaftliches Verständnis menschlichen Denkens und Verhaltens zu liefern. Ich halte den entgegengesetzten Schluß für richtig: Nachdem die Psychoanalyse gezeigt hat, daß auch das Unbewußte mitteilbaren Gesetzen gehorcht, ist der erste Schritt zu ihrer Einfügung in eine rationale Anthropologie geleistet.

Unklar ist vorläufig noch die stammesgeschichtliche Entwicklung des Menschen, also der Übergang von affenähnlichen Vorformen zum homo sapiens. W. Laskowski[26] sagt hierzu:

»Nirgends sind deutliche Hinweise dafür zu Tage getreten, daß einzelne Phasen des Entwicklungsablaufes, nachdem er einmal begonnen hat, durch immaterielle Faktoren, d. h. Faktoren, die sich nicht durch die Eigenschaften der Materie erklären ließen, wesentlich bedingt und gesteuert wurden.«

Das Selbstverständnis des Menschen als Teil der Natur ist in unserem Lande verpönt. Auch wenn es nicht gerade (wie bis zum Jahre 1968 in manchen Südstaaten der USA) gesetzlich verboten ist, die natürliche

Abstammung des Menschen zu lehren, verdrängt man doch mit allen Mitteln deren Konsequenz: »Man versucht, alle naturwissenschaftlichen Befunde als unbewiesene oder zum mindesten irrelevante Hypothesen abzutun und ohne übertriebene Bescheidenheit den Menschen als transzendentes Sonderwesen, als Mittelpunkt, Sinn und Ziel des gesamten Weltgeschehens hinzustellen[27].«

Die andere wissenschaftliche Entwicklung, die in Richtung auf Verschmelzung der theoretischen Grundlagen von Mensch und Maschine führt, ist die Entwicklung, die man – mit einer gewissen Großzügigkeit – als »maschinelle Intelligenz« bezeichnet hat.

Versuche, die Logik zu formalisieren, sind schon sehr alt: Schon in der »Ars magna« von Raimundus Lullus (1232 bis 1315) finden sich derartige Vorschläge. Aber wohl den wichtigsten Beitrag lieferte A. M. Turing mit dem Gedankenmodell dessen, was heute allgemein als Turing-Maschine bezeichnet wird, ein Rechenautomat extremer Einfachheit, der zwar keine praktische Bedeutung hat, wohl aber die gedankliche Klärung ermöglicht, was überhaupt mit Hilfe von Automaten berechnet werden kann. Turing ist überzeugt davon, daß jede objektiv beschreibbare Funktion, die ein Mensch ausführen kann, auch eine Maschine ausführen kann. Er ist sich bewußt, daß bestimmte Probleme weder von Maschinen noch von Menschen gelöst werden können. Turing verwendete später viel Arbeit darauf, die tiefsitzenden Vorurteile über die prinzipielle Unterlegenheit maschineller Systeme zu widerlegen und zu katalogisieren[28].

Durch die Arbeiten von C. E. Shannon (1948) erwies sich die Information als quantifizierbar[29]. Zu den klassischen Dimensionen der Naturwissenschaften, zu Materie und Energie, trat als dritte Dimension die Information.

Im Jahre 1948 publizierte Norbert Wiener[30] sein Buch mit dem aufsehenerregenden Titel »Cybernetics or control and communication in the animal and the machine«. Damit artikulierte er die Vermutung, daß in Lebewesen und Maschinen gleichartige informationelle Strukturen wirksam seien.

Etwa in den Jahren 1956 bis 1965 gab es eine Reihe von Versuchen, mit Computern zu theoretisieren, z. B. mathematische Theoreme zu beweisen. So wurden beispielsweise einfache Beweise der ebenen Euklidischen Geometrie automatisch »entdeckt«. Eine Lösung besteht hier aus einer geordneten Folge von Aussagen, von denen die ersten Axiome oder schon bewiesene Theoreme sind, die letzte der gesuchte Beweis. Das Problem ist hier, diese geordnete Folge möglichst kurz zu halten.

Es gibt eine ganze Reihe von Versuchen, Computer so zu programmieren, daß sie erfolgreich irgendwelche Spiele, z. B. Dame oder Schach, spielen können. Über die Ergebnisse liegen unterschiedliche Berichte vor, unbestritten scheint jedoch, daß Computer mittelmäßige Spieler geschlagen haben.

Die Entwicklung der maschinellen Intelligenz ist belastet durch Erwartungen, die in den fünfziger Jahren aufkamen und bisher nicht eingelöst werden konnten. Der gegenwärtige Zustand ist gekennzeichnet durch eine gewisse Resignation angesichts einer Aufgabe, deren Dimensionen immer deutlicher in Erscheinung treten. Aber trotz dieser Resignation besteht kein Grund zu der Annahme, daß die Entwicklung der maschinellen Intelligenz plötzlich auf eine unübersteigbare Schwierigkeit, z. B. eine nicht mehr durch ihre informationelle Struktur begründbare Funktion stoßen würde. Man hat es sich einst nur zu einfach vorgestellt, Funktionen zu modellieren, für welche die Natur einen enormen Schaltungsaufwand betreibt und zu deren Optimierung sie Milliarden Jahre gebraucht hat.

Die gegenwärtige Stagnation ist meines Erachtens dadurch begründet, daß die konstruierten informationellen Strukturen die Strukturierungskapazität des menschlichen Bewußtseins erschöpft haben. Eine weitere Entwicklung der maschinellen Intelligenz ist erst dann zu erwarten, wenn künstliche Zellen konstruiert werden, die sich in Versuch und Irrtum – also ohne einen bewußten Plan – optimal strukturieren können.

Es gibt kein schlüssiges Experiment, welches beweisen würde, daß das Denken und Verhalten des Menschen aus der materiellen Anordnung seiner Teile und ihren Wechselwirkungen, aus den informationellen Strukturen erklärt werden kann. Dazu sind die Strukturen zu komplex.

Es gibt aber auch kein Experiment, welches beweisen würde, daß das Denken und Verhalten des Menschen aus der materiellen Anordnung seiner Teile und ihren Wechselwirkungen *nicht* erklärt werden kann.

Unser gegenwärtiger wissenschaftlicher Standort ist also vorläufig unentscheidbar zweideutig. Hier stehen sich zwei Haltungen gegenüber, die sich gegenseitig weder endgültige Beweise noch endgültige Widerlegungen liefern können.

Unter den zahlreichen Argumenten gegen die monistische Position kehren einige immer wieder, vor allem die Fragen nach der Freiheit und dem Bewußtsein.

Die Überzeugung, daß das Lebensgeschehen und die psychischen Vorgänge aus der Anordnung und physikalischen Wechselwirkung der Teile des Organismus im Prinzip vollständig erklärt werden können, schließt nach naivem Verständnis Freiheit, Schuld usw. aus.

Dem ist zu widersprechen. Hierzu muß man wohl den Begriff »Freiheit« klarer fassen, als es häufig geschieht, vor allem ist zu unterscheiden zwischen der Unvoraussagbarkeit zukünftigen Geschehens vom Standpunkt eines übergeordneten Beobachters (der die informationellen Strukturen im Gehirn wahrnehmen kann) und der Meinung des Subjekts, »frei« zu sein.

Für den übergeordneten, alles wahrnehmenden Beobachter sind die physischen Vorgänge im Gehirn und damit auch die psychischen Vorgänge im Subjekt so bestimmt oder so unbestimmt wie jeder andere physikalische Vorgang vergleichbarer Komplexität. Für ihn ist die Frage nach der »Freiheit« sinnlos, er kann höchstens Indeterminiertheiten registrieren.

Ganz anders sieht das Problem vom Standpunkt des Subjekts aus. Seine Freiheit oder Unfreiheit erweist sich bei der Realisierung bestimmter Denk- und Verhaltensformen. Weshalb glaubt das Subjekt bei manchen Realisierungen frei und bei anderen unfrei zu sein? Diese Unterscheidung ergibt sich zwanglos aus der Vorstellung, daß die Realisierung einer bestimmten Denk- oder Verhaltensform der Aktivierung einer bestimmten informationellen Verbindung entspricht. Wesentlich für eine »unfreie« Verbindung ist, daß das Ergebnis durch Nebenverbindungen bereits festgelegt ist. So kann man zwar durchaus behaupten, 2 mal 2 sei 5, aber man weiß, daß diese Aussage im Widerspruch zu vielen anderen Aussagen und damit vielen informationellen Verbindungen steht. Anders ist es bei angeblich »freien« Verbindungen. Bei ästhetischer Produktion beispielsweise sind die Ergebnisse viel weniger oder überhaupt nicht durch Nebenverbindungen festgelegt.

Aus der Sicht des Individuums sieht dies so aus: Um die Unfreiheit als solche wahrnehmen zu können, müßten Wahrnehmungsstrukturen vorhanden sein, welche die Vorbestimmung zu erkennen gestatten. Die Fiktion »Freiheit« beruht auf dem Fehlen von Wahrnehmungsstrukturen, welche die Vorbestimmung zu erkennen gestatten.

Hiermit in engem Zusammenhang steht die kreative Produktion: Kreative Prozesse sind Überschußprozesse in dem Sinne, daß hier das kreative Subjekt einen Überschuß über das bekannte hinaus produziert, hier wirken gewissermaßen die äußersten Äste der informationellen Struktur. Es ist nicht möglich, diese äußersten Äste schritthaltend zu analysieren, dies gelingt vielmehr erst nach erneutem Überdenken, zeitlicher Dehnung, informationeller Arbeitsteilung usw.

Um nicht mißverstanden zu werden: Ich halte zwar eine Freiheit vom Standpunkt des übergeordneten, alles wahrnehmenden Beobachters als irreal, aber ich halte die subjektive Fiktion »Freiheit« im sozialen Kontext für außerordentlich hilfreich: Sie verändert das Denken und Verhalten von Menschen in erfreulicher Weise, während das Postulat materieller Vorbestimmung zwangsläufig demoralisierende Folgen hat.

Ein häufiger Vorwurf gegen die hier vertretene Position ist der folgende: Ist es nicht engstirnig, die vielen Erfahrungsformen auf ein einziges Erklärungssystem zurückführen zu wollen, widerspricht dies nicht gerade einer wichtigen Errungenschaft unserer kulturellen Entwicklung, nämlich der Toleranz gegenüber dem theoretischen Pluralismus?

Diese Frage deckt meines Erachtens keinesfalls eine Schwäche der monistischen Position auf, sondern die Schwäche der Gegenposition, die nicht zu erkennen vermag, weshalb theoretischer Pluralismus sein muß.

Wenn wir unser Denken als Äußerung informationeller Strukturen verstehen, dann ist es selbstverständlich, daß es quantitativ beschränkt ist. Man kann mit dem endlichen Gehirn nicht das unendliche Universum abbilden. Die Benutzung vereinfachender Denkmodelle, die wenigstens ein teilweises Verständnis ermöglichen, ist ein notwendiger Trick des Denksystems, mit Sachverhalten fertig zu werden, die seine Kapazität eigentlich überschreiten.

Wenn sich deshalb in der modernen Philosophie Toleranz gegenüber dem theoretischen Pluralismus entwickelte, so sollten wir darauf nicht allzu stolz sein, es ist ein Eingeständnis unseres unzureichenden Gehirns, nicht mehr. Die Realität ist nicht pluralistisch, nur unser Verständnis ist ein Flickenteppich. Wir sollten deshalb auch nicht die Nähte zwischen den einzelnen Flicken vertiefen. Die größten Erfolge der modernen Wissenschaft, so z. B. in der Genetik oder in der Verhaltensforschung, sind »Schichtenverstöße« (im Sinne von N. Hartmann[31]). Die Toleranz gegenüber einem praktischen Pluralismus ist zwar zweckmäßig, sie begründet aber keine philosophische Position.

Ein anderer Vorwurf gegenüber der monistischen Position ist, sie leugne das, was man andernorts etwa als »das Transzendente« bezeichnet und angeblich die einzig mögliche Grundlage moralischen Verhaltens ist. Wenn es so wäre, wie es hier verkürzt, andernorts aber sehr wortreich dargestellt wird, dann wäre es tatsächlich ein schweres Argument gegen die monistische Position. Die praktische Ordnung menschlichen Zusammenlebens ist ja wichtiger als irgendeine Theorie.

Dieses Problem soll von einer anderen Seite her betrachtet werden: Die bisherigen Methoden der Verhaltenssteuerung durch moralische Prinzipien werden gegenwärtig meist unwirksam. Sie »greifen« nicht mehr, man hält es für weltfremd, wenn die politische Praxis an moralischen Prinzipien gemessen wird (wie mir beispielsweise anläßlich meiner Briefe an den Herrn Bundeskanzler öffentlich vorgeworfen wurde), kurzum, die Moral ist auf der einen, die Praxis auf der anderen Seite einer Mauer.

Die Ursachen dieser Ablösung der Praxis von der tradierten Moral sind vielfältig, so z. B. der Aufklärungsschub, der als Folge der Massenkommunikation um die ganze Erde geht und die Divergenzen zwischen dem aktuell notwendigen und dem durch die tradierte Moral vorgeschriebenen Verhalten oftmals überdeutlich macht.

Im Hinblick auf die Verhaltenssteuerung hat dieser Aufklärungsschub eine wichtige Folge: Moralen, die anders als operational begründet sind, werden unglaubwürdig und unwirksam. Man kann heutzutage das Verhalten nicht mehr durch den Hinweis auf heilige Bücher kontrollieren – gleichgültig ob diese nun 2000 oder nur 100 Jahre alt sind –, sondern kann das Verhalten nur noch durch die Einsicht in die Folgen von Normenverstößen regulieren.

Erstaunlich ist doch: Obwohl »die Jugend« heutzutage schlechterdings alles hinterfragt, aufdeckt, bloßstellt, entlarvt usw., gibt es überhaupt keine Diskussion darüber, daß im Straßenverkehr Rechtsfahren Vorschrift ist, obwohl dies offensichtlich reine Willkür ist. Auch der wildeste Emanzipierer propagiert nicht, links zu fahren, die Vorfahrt nicht zu beachten und als höchsten Lustgewinn den Frontalzusammenstoß anzusteuern. Warum ist denn dies so gänzlich von der Emanzipationswelle ausgespart? Zweifellos deshalb, weil hier keine unglaubwürdigen Begründungen versucht werden, die Folgen der Normenverstöße aber offensichtlich sind.

Dies zeigt meines Erachtens ganz deutlich, daß der Zusammenbruch der tradierten Moral auf der untauglichen Art ihrer Begründung beruht. Für die Zukunft ist nur noch eine solche Moral annehmbar, die durch

Einsicht in die Folgen von Normverstößen begründet werden kann, unglaubwürdig sind aber Moralen, die sich auf transzendente Begründungen berufen.

Ein theoretisch unwichtiges, praktisch aber dominierendes Argument gegen die monistische Position ist die Verletzung des menschlichen Selbstwertgefühls. Wenn der Mensch letztendlich nicht mehr als ein physikalisch erklärbares System ist, welchen »Sinn« hat es dann, ihn so ernst zu nehmen? Mit welchem Recht will er sich dann »die Erde untertan machen«? Die Antwort auf diese Frage gibt die gegenwärtige Umweltzerstörung: Der Mensch hat sich die Erde untertan gemacht, und wenn er es noch lange so treibt, dann ist sie unbewohnbar. Die Umweltzerstörung ist das äußere Signal dafür, daß der Mensch bescheidener werden muß, als er sich bisher vornahm.

Von der monistischen Position aus kann man den Anspruch, »sich die Erde untertan zu machen«, nicht begründen, hier ist der Mensch Teil der Natur und in ihre materiellen, energetischen und informationellen Bindungen eingeflochten. Seine Sonderstellung besteht nicht darin, daß er den Gesetzen der Materie, Energie und Information entrinnen könnte, sondern darin, daß er die Folgen seines Verhaltens voraussehen kann.

Information und Gesellschaft

Was eine Gesellschaft von einer Menge Menschen unterscheidet, sind vor allem informationelle Gemeinsamkeiten: so z. B. Verwendung derselben Sprache, derselben Schrift, derselben Denkmodelle usw. Die meisten zwischenmenschlichen Prozesse, die das Wesen der Gesellschaft ausmachen, sind informationeller Art. Gesellschaftliche Fehlleistungen sind meist informationelle Fehlleistungen.

Bild 8 zeigt den gesellschaftlich interessanten Aspekt des Informierens: Getrennt durch eine undurchsichtige Wand suchen zwei Menschen Wege durch ein Labyrinth. Hat der eine einen Weg gefunden, dann kann er durch Signale vereinbarter Bedeutung, durch Information, dem anderen helfen, schneller den Weg zu finden. Dieses einfache Denkmodell zeigt, daß Menschen durch Kommunikation sich gegenseitig helfen können, ihre Probleme besser als allein zu lösen. Hierbei ist der Begriff »Problemlösen« sehr weit zu fassen.

Das gesellschaftliche Informationsspiel ist viel komplizierter als die mit Bild 8 gezeigte einfache Übertragung von Informationen von einem Sender zu einem Empfänger:

1. Es kann nicht nur über die Außenwelt des Individuums informiert werden (also beispielsweise über einen Weg durch das Labyrinth), sondern auch über die Innenwelt (»Ich habe darüber nachgedacht«).
2. Die Informationsübertragung besteht meist nicht nur in einer einmaligen, einseitig gerichteten Übertragung, sondern in einer Folge solcher Prozesse, z. B. in Fragen und Antworten, die aufeinander Bezug nehmen.

8. Information als Hilfe beim Problemlösen:
Hier suchen zwei Menschen unabhängig voneinander einen Weg durch ein Labyrinth.

3. Die Informationsübertragung spielt sich häufig nicht nur zwischen zwei bestimmten Partnern ab, sondern innerhalb eines Geflechts, bei dem Beteiligung und zeitlicher Ablauf vom Inhalt der Informationen abhängt.
4. Die Bedeutung der benutzten Zeichen ist nicht immer eindeutig. Es gibt viele kommunikative Vorgänge, die mehrdeutig und gerade deshalb für die menschliche Kreativität bedeutungsvoll sind.
5. Bild 8 zeigt, daß man durch Information auch irreführen kann, beispielsweise dadurch, daß man »links« statt »geradeaus« sagt. Die Irreführung kann in der Negation der Wahrheit liegen, in komplexeren Situationen liegt sie aber meist in der Verwendung falscher Denkmodelle.
6. Bild 8 zeigt trotz seiner starken Vereinfachung einen wichtigen Sachverhalt deutlich: Ob eine Information »richtig« oder »falsch« ist, hängt auch von der Vorgeschichte ab. Wenn beispielsweise der eine Partner bei der Suche noch nicht die Verzweigung erreicht hat, die der andere voraussetzt, dann ist dessen Information möglicherweise falsch. Eine fruchtbare Kommunikation setzt also einen vergleichbaren Erfahrungshorizont voraus. Weniges ist so quälend wie die Kritik der Ignoranten.

Die Menge der Informationen, die ein Mensch bewußt verarbeiten kann, ist durch zwei unterschiedliche Faktoren begrenzt: einerseits durch die Bewußtseinsenge und andererseits durch das Informationsangebot. Es gibt viele Situationen, in denen das Angebot die Aufnahmefähigkeit des Menschen überfordert. Typisch hierfür ist der Kraftfahrer im Stadtverkehr, der viele Verkehrszeichen, Verkehrsteilnehmer usw. wahrnehmen müßte, dies aber wegen der Überforderung seines Bewußtseins nicht kann.

Die andere Begrenzung liegt im Informationsangebot. Was nicht gesendet wird, kann nicht empfangen werden. Zeitungen, Zeitschriften, Hörrundfunk und Fernsehrundfunk können uns nicht »alles« berichten (Was heißt schon »alles«?). Durch diese unvermeidbare Auswahl werden viele Informationen unterdrückt, die für uns eigentlich interessant sind.

Diese Auswahl ist nie wertfrei, sie ist immer Ergebnis einer wertenden, also ideologischen Auswahl. Den Vorwurf der Ideologie sollte man nicht so verstehen, als ob der Kritiker sie aufheben könnte, vielmehr so, daß er seine eigene Ideologie durchsetzen möchte.

Die Wirkung der Information im realen Leben kann – entsprechend

Bild 8 – durch die Situation eines Wanderers an einer Wegegabel illustriert werden, dem die vom Wegweiser gegebene Information Anstrengung und Zeit spart, also eine erfolgreiche Problemlösung ermöglicht.

Ähnliche Beispiele liefert die Börse: Die Information, welche Aktien aufwärts oder abwärts gehen, ermöglicht erfolgreiches Verhalten, während die Ignoranz meist verlustreich ist. Zwar findet manchmal auch das blinde Huhn – ohne Information – ein Korn, aber dies ist die Ausnahme.

In den vergangenen Jahren erlebten wir die Wirkung der Information mehrmals recht spektakulär: Kaum war publiziert, daß sich die Expertengruppe für Währungsfragen zugunsten einer Aufwertung ausgesprochen hatte, da flossen schon Spekulationsgelder in Höhe vieler Milliarden DM in unser Land. Dieses Beispiel zeigt die Macht der Information ganz deutlich: Information bewegt ungeheure Vermögen.

Bei der Propaganda müssen die Empfänger zuerst motiviert werden, die Information überhaupt anzunehmen. Durch Werbung soll das Denken so beeinflußt werden, daß bestimmte Bedürfnisse entstehen. Die Werbepsychologie analysiert die Mechanismen, welche ein bestimmtes Konsumverhalten bewirken.

Von den politischen Wirkungen der Kommunikation sei besonders der Einfluß des westdeutschen Rundfunks und Fernsehens auf die Bewohner der DDR erwähnt. Der größte Teil der DDR-Bevölkerung hört oder sieht regelmäßig Sendungen aus der Bundesrepublik. Welche politischen Folgen dieses Loch in der informationellen Mauer hat, kann wohl nur der ganz ermessen, der einmal längere Zeit auf das staatlich vorselektierte Informationsangebot in den östlichen Ländern angewiesen war. Hierbei darf man nicht nur an die unmittelbar politische Information denken, sondern sollte auch die Nebenwirkungen scheinbar unpolitischer Informationen beachten. Wenn beispielsweise in einer Quizsendung Teilnehmer aus den Nachbarländern der Bundesrepublik Deutschland, z. B. Jugoslawiens, erscheinen und ungehemmt ihre Meinung sagen, dann fragt der Bewohner der DDR, weshalb er sich eigentlich nicht auch so frei bewegen kann.

Der kurzfristige Einfluß der Medien auf das Wählerverhalten ist nach vorherrschender Meinung gering, stärker ist wohl der langfristige Einfluß. Was hierbei Ursache und was Wirkung ist – Überzeugung oder konsumierte Information –, ist schwer zu entscheiden. Meist werden solche Informationen bevorzugt, welche die bestehenden Ansichten bestätigen, und solche verdrängt, die ihnen widersprechen. Der Einfluß von Wahlprognosen auf das Wahlergebnis scheint geringer zu sein, als oft geglaubt wird; er wurde spöttisch schon verglichen mit dem Einfluß der Wettervorhersage auf das Wetter.

Ein gegenwärtig heftig umstrittenes Problem ist die kriminalisierende und brutalisierende Wirkung der Massenkommunikation. Einerseits lassen Untersuchungen an sozial angepaßten Versuchspersonen vermuten, daß die kurzfristigen Wirkungen schwächer sind als vielfach angenommen wird, andererseits ist aber zu vermuten, daß die Vielzahl der brutalen und kriminellen Darbietungen Denken und Empfinden allmählich verändert, so daß bei Auflösung stabilisierender Sozialstrukturen – also in Krisenfällen – auch starke Verhaltensänderungen zu erwarten sind.

Bestimmend für viele politisch motivierte Gewaltverbrechen ist die erhoffte Signalwirkung, die Täter wollen »Propaganda durch die Tat« betreiben, sie wollen ein »Fanal setzen«, also die Massenkommunikation für ihre kriminellen Zwecke mobilisieren. Besonders deutlich wurde diese Absicht bei dem Anschlag der arabischen Terroristen auf die israelitischen Sportler anläßlich der Olympiade in München 1972.

Ich halte die gegenwärtige Gleichgültigkeit gegenüber diesen Fragen für leichtfertig. Friedrich Schiller untersuchte einst die Schaubühne als moralische Anstalt. Heutzutage scheint die Zuschauerbeteiligung wichtiger zu sein als die Gefahr der Brutalisierung und Kriminalisierung.

Man kann von den Massenmedien nicht erwarten, daß sie ihren Konsumenten eine heile Welt vorgaukeln, sie haben (ebenso wie die Theater aller Zeiten) das Recht, die Lebenswirklichkeit in allen Aspekten darzustellen. Aber bei den Massenmedien sollte bedacht werden, daß ihre Wirkung viel tiefer geht und viel mehr Menschen erfaßt als vergleichbare frühere Darstellungen und deshalb auch sorgfältiger geprüft werden muß, was verantwortet werden kann.

Dieses Problem ist dem Umweltschutz ähnlich: Auch vor 2000 Jahren wurde Müll produziert, aber damals war er kein lebensbedrohendes Problem. Die quantitative Veränderung zwingt zu einer qualitativ anderen Beurteilung.

Mit den zukünftigen Informationsbanken und deren Verbund zu Informationsbankensystemen werden die Probleme zwischen Information und Gesellschaft besonders deutlich.

Bild 9 soll das Wesen einer Informationsbank[32] kurz vorstellen. An die Informationsbank sollen von vielen nahen und fernen Quellen Informa-

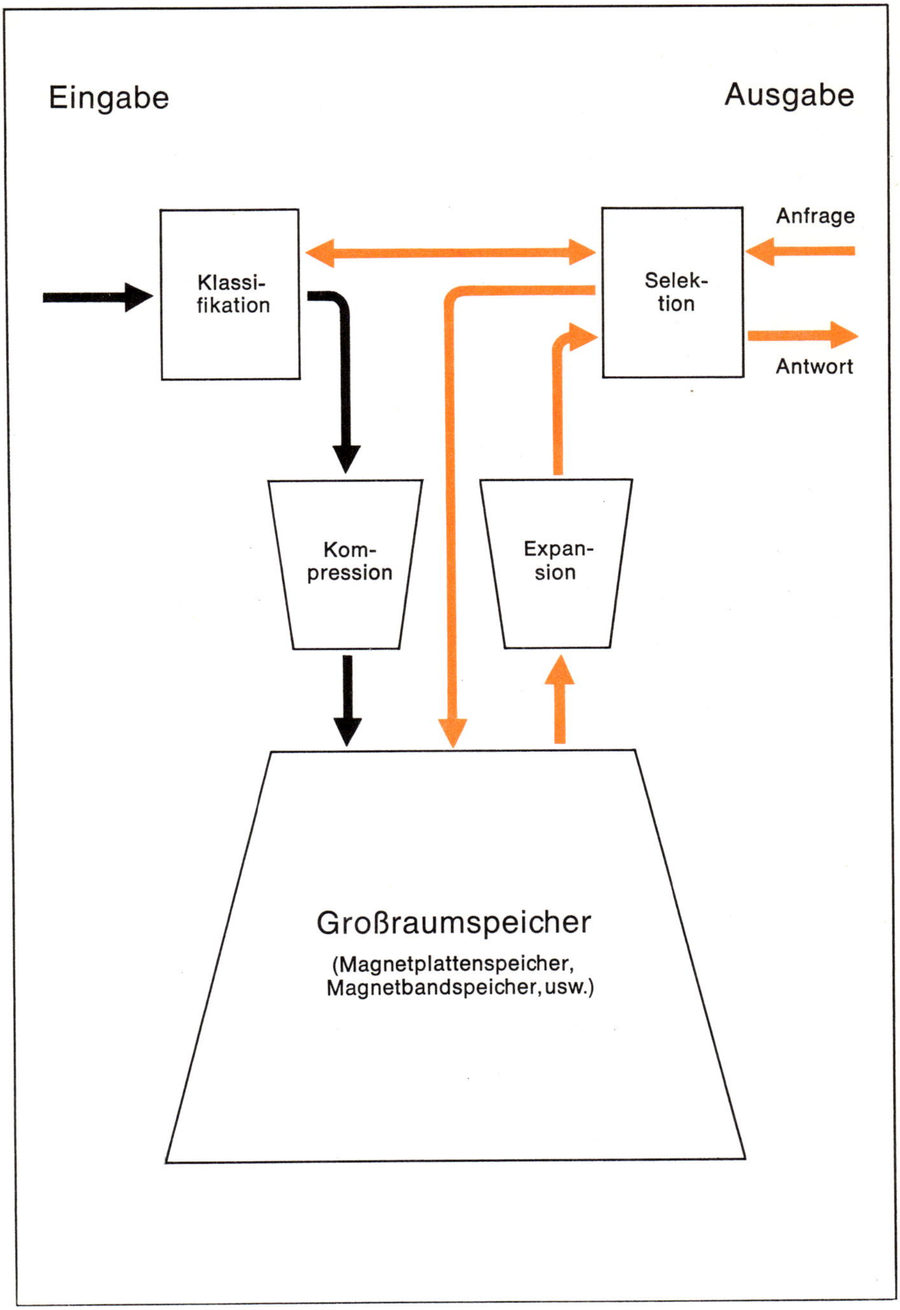

9. Schema zur Informationsbank:
Hier werden Informationen so verfügbar gemacht, wie in einer Bank Geld verfügbar gemacht wird.

tionen geliefert werden. Diese werden nach Eingabe klassifiziert, komprimiert und im Großraumspeicher deponiert. Die Informationen sollen durch einfache Anfrage wieder abgerufen werden können. Der entscheidende Vorzug der Informationsbank ist die Präsenz der Information.

Die gegenwärtige Entwicklung von Informationsbanken und Informationsbankensystemen (IBS) beschäftigt nicht nur die Experten der Informatik[33], sondern auch die Öffentlichkeit: Bild 10.

Welche abstrusen Vorstellungen mit dieser Entwicklung öffentlich verbunden werden, zeigt z. B. eine Darstellung von R. Farr aus der »Zeit« vom 21. Mai 1971, aus der einige typische Sätze zitiert werden sollen:

»Versetzen wir uns in das Jahr 1981. In Westdeutschland gibt es seit einiger Zeit eine staatliche Datenbank. Millionen kleiner, funktionstüchtiger Sender mit einer Reihe von Knöpfen und Schaltern sind in Gebrauch. Einige, die bequem in eine Hand passen, trägt man bei sich, andere sind in vielen Apparaten von vornherein eingebaut, zum Beispiel in Registrierkassen, Telephonen, Benzinzapfsäulen und ähnlichen technischen Einrichtungen.

Jeder dieser Sender ist mit der staatlichen Datenbank verbunden und füttert die Computer via Mikrowellen mit Informationen über Sie und alle anderen Einwohner der Bundesrepublik. Nehmen wir an, Sie seien der Bundesbürger Fritz Zimmer.

Ihnen, Herr Zimmer, gehört die Bundes-Überwachungs-Personalkarte (Buwaka) Nr. zim 54401724d. Sie gehört Ihnen ein Leben lang; und jeder Mensch im Staate besitzt eine solche Karte. Tag für Tag, vom Frühstück bis zum Schlafengehen, wird alles, was Ihre Rolle als Bürger betrifft, vom Computer registriert und in Ihrer elektronischen Personalakte verewigt.

Die Datenbank zeichnet nicht nur auf, was Sie kaufen; sie zieht aus der Art Ihres Einkaufes auch Schlüsse und notiert wesentliche Veränderungen Ihrer Gewohnheiten. Wenn Sie plötzlich Magermilch statt Vollmilch bei Ihrem Kaufmann bestellen, wird der Computer über einen Fernsehschirm in Ihrer Wohnung nachfragen: ›Erklären Sie, warum Sie von Vollmilch auf Magermilch übergegangen sind.‹ Sie stöhnen zwar ›Das geht Sie nichts an!‹, aber Sie senden die Antwort, weil das Gesetz Sie dazu verpflichtet. Sie haben sich damit abgefunden, mit einer Buwaka zu leben; denn ohne sie könnten Sie z. B. nicht telefonieren: Erst wenn Sie Ihre Karte in den Telephonautomaten gesteckt haben, ertönt das Amtszeichen. Und als Ihre Frau einmal ihre Buwaka verloren hatte, mußte sie sich in die Isolierungskaserne begeben, bis eine neue Karte ausgestellt

10. Der »abgelochte Arbeitnehmer« (Aus der Zeitschrift »Capital«).

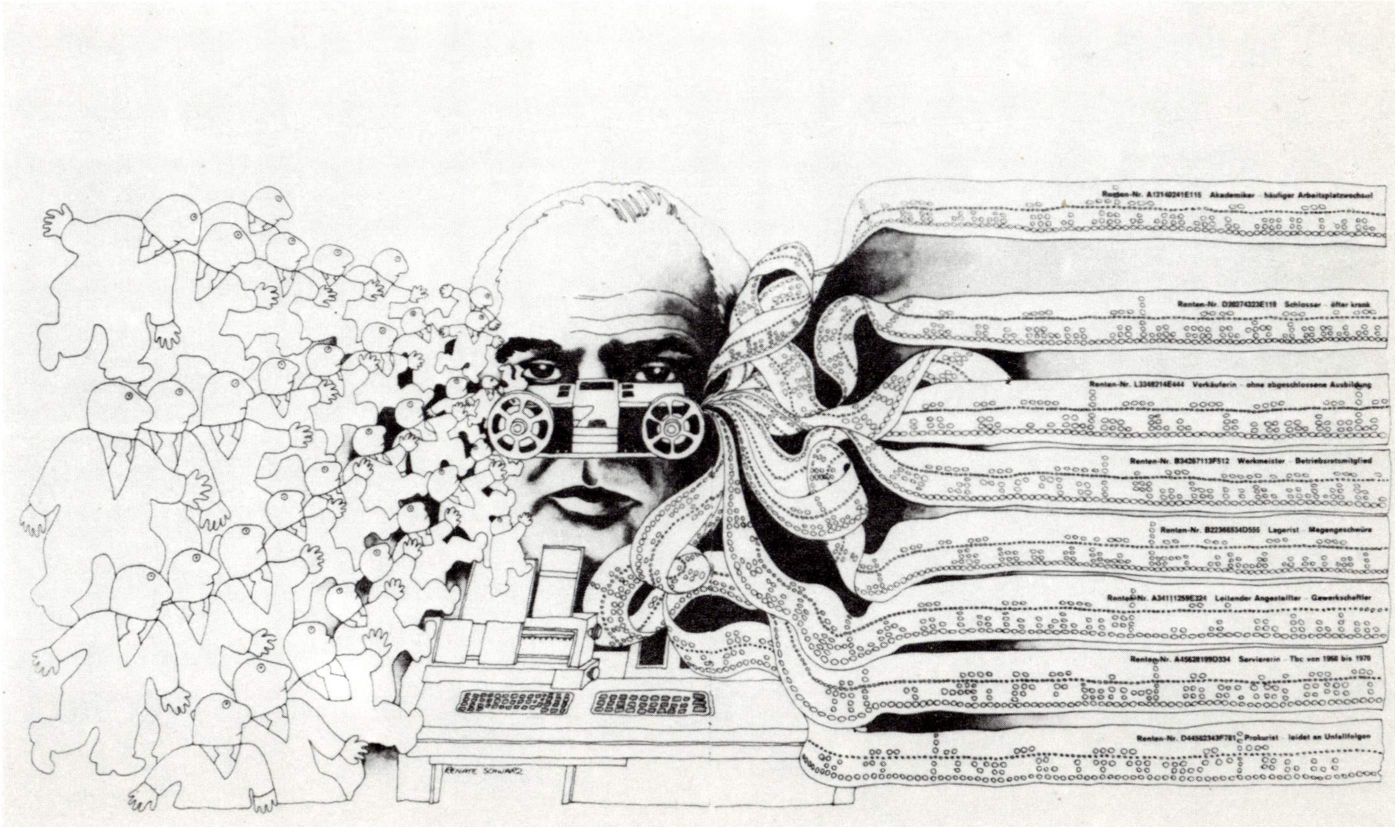

war. Drei Tage lang war sie von der Außenwelt buchstäblich abgeschnitten.«

So weit derartige Vorstellungen von der gegenwärtigen und zukünftigen Realität auch entfernt sind, sie beunruhigen die öffentliche Meinung und bestärken sie in dem Verdacht, daß Informationsbankensysteme das entscheidende Mittel zum Aufbau einer Orwellschen Diktatur seien und deshalb zur Erhaltung einer humanen Zukunft solche Entwicklungen verhindert werden müßten. Wer glaubt schon, daß die verantwortlichen Planer sich mit höchstem Verantwortungsbewußtsein bemühen, die Freiheit des Individuums trotz der vielen sozialen Abhängigkeiten und wachsenden Ansprüche zu erhalten?

Informationsbankensysteme können größere oder kleinere Bereiche zusammenfassen. Von Interesse sind vor allem die folgenden zwei Extreme:

- Einerseits (als »kleines« Ziel) die verbesserte Kommunikation innerhalb der Verwaltung (z. B. integrierte Datenverarbeitung in einigen Bundesländern) oder großer Firmen und
- andererseits (als »großes« Ziel) die verbesserte Kommunikation innerhalb der Gesamtgesellschaft: »die informierte Gesellschaft«.

Einen Orientierungspunkt hierfür setzt die Entwicklung des »Informationsbankensystems für die Bundesrepublik Deutschland«, das – eine störungsfreie Entwicklung vorausgesetzt – in den achtziger Jahren viele der in unserem Lande installierten Computer – seien es nun staatliche oder private – zu einem Verbundnetz zusammenfassen könnte.

Auf lange Sicht, beispielsweise in den neunziger Jahren dieses Jahrhunderts, ist damit zu rechnen, daß die nationalen Informationsbankensysteme international integriert werden.

Die Entwicklung derartiger Systeme hat zwei Determinanten: einerseits das politisch Wünschbare und andererseits das technisch Mögliche. Durch diese beiden Determinanten werden viele widersprüchliche Wünsche und Bedingungen eingebracht. Deshalb ist eine lineare Gradausplanung nicht möglich, man muß hier rekursiv vorgehen: Im fortwährenden Gespräch zwischen Politikern und Technikern müssen Kompromisse gesucht werden.

Warum werden eigentlich in unserer Zeit Informationsbankensysteme so aktuell? Hierauf kann man vom Standpunkt der Organisationstheorie folgende Antwort geben: In hochindustrialisierten Gesellschaften wächst die Zahl der Abhängigkeiten zwischen den verschiedensten staatlichen, wirtschaftlichen, privaten usw. Instanzen. Mit zunehmender Zahl ergibt sich aber eine immer deutlichere Überlegenheit eines sternförmigen über ein maschenförmiges Informationssystem: Bild 3. Dessen Grundgedanke ist: nicht Verbindung jedes mit jedem, sondern Verbindung jedes mit der Zentrale. Hierbei soll natürlich die Kommunikation zwischen einzelnen Teilnehmern nicht verhindert oder der Zentrale gar eine Kontrollfunktion eingeräumt werden, vielmehr soll die Zentrale als jederzeit funktionsbereiter Informationsspeicher den Austausch ermöglichen. Aus derartigen sternförmigen Grundelementen werden sich in verschiedenen Ebenen hierarchische Strukturen aufbauen, an die nicht nur die Vielzahl der Teilnehmer, sondern auch spezielle Fachinformationsbanken angeschlossen sind.

Welchen Nutzen bringt diese Entwicklung? Hier ist vor allem auf das verbesserte Informiertsein aller zu verweisen und damit auf gründlicher fundiertes persönliches, berufliches und politisches Entscheiden und Verhalten; staatliche und nichtstaatliche Institutionen werden effektiver, und schließlich bekommen die politischen Strukturen bessere Einsichten in die Voraussetzungen und Folgen von Entscheidungsalternativen.

So wurde beispielsweise im Zusammenhang mit der vom Bundesarbeitsminister geplanten »Sozialdatenbank« auf die Transparenz des Arbeitsmarktes hingewiesen und die sich hieraus ergebende Möglichkeit, die Folgen industrieller Umstrukturierungsprozesse mit weniger Härten ausgleichen zu können.

Der Versuch, die möglichen Dienste zu nennen, führt auf eine unabschließbare Liste. Deshalb nur einige typische Hinweise:

Verwaltung:
Einwohnerregistratur, Steuerverwaltung, Grundbuch usw.
Wirtschaft:
Rohstoffe und deren Eigenschaften, Verfügbarkeit, Preise, Verarbeitungsmöglichkeiten, Daten über Handel und Dienstleistung, Berufsstatistiken, Stellenangebote und Gesuche, Betriebsstatistiken, Import- und Export-Daten, Aktienkurse, Immobilien usw.
Technik:
Entdeckungen und Erfindungen, Verfahren, Produkte, Normen, Berechnungsmethoden, physikalische Daten usw.
Verkehrswesen:

Wege, Straßen, Verkehrslage, Lotsendienste, Hotelreservierungen usw.

Medizin:

Personenbezogene Informationen (z. B. Blutgruppe), Diagnose- und Therapieinformationen, medizinische Statistik, Nebenwirkungen von Medikamenten usw.

Justiz:

Gesetze, Rechtsprechung, Verbrechensdaten usw.

Politik:

Verträge, Abkommen, Regierungserklärungen, Parteiprogramme usw.

Sonstiges:

Literaturdokumentation, lexikalische Information, Adressen, Berufsberatung, Freizeitberatung, Sportereignisse, Katastrophenvorsorge usw.

Man sollte nicht nur an die »passive« Auskunft auf Anfrage denken, sondern auch an die »aktive« Information: Bestimmte Teilnehmer werden ohne ihr Dazutun auf bestimmte Sachverhalte aufmerksam gemacht, so z. B. Verkehrsteilnehmer auf blockierte Verbindungen, Ärzte auf Nebenwirkungen von Medikamenten, Industrie-Unternehmen auf wichtige Erfindungen usw.

Derartige Informationssysteme implizieren Gefahren, die rechtzeitig bedacht werden müssen:

1. Die Abhängigkeit von einem empfindlichen Apparat. Hier ist an technische Störungen ebenso zu denken wie an Sabotage oder Streik.
2. Die gesteigerten Möglichkeiten der Meinungsmanipulation. Durch die (schlimmstenfalls!) einheitliche ideologische Ausrichtung der angebotenen Informationen kann eine Gesellschaft wirkungsvoll manipuliert werden.
3. Schließlich könnten derartige Informationsbankensysteme die Privatsphäre radikal zerstören, wenn dem nicht rechtzeitig vorgebeugt würde.

Die traditionelle Form der Verwaltung ist zwar auch nicht restlos verschwiegen, auch bei ihr gelangen Informationen immer wieder dorthin, wohin sie eigentlich nicht gelangen sollten. Aber diese informationellen Lecks sind wegen der Langsamkeit des Geschehens noch erträglich. Wenn aber der Informationstransport sich der elektronischen Mittel bedient, dann können fahrlässige oder beabsichtigte Lecks katastrophale Folgen haben. Man kann hiergegen in Technik und Organisation zwar vieles tun, aber gelegentliche Fehlfunktionen haben Automat und Mensch gemein. Hier ist auch mit wachsender Informationskriminalität zu rechnen, die darin besteht, daß Experten Möglichkeiten suchen und finden, die Sicherungen zu umgehen.

Eine von vielen Schutzmaßnahmen besteht darin, daß von den persönlichen Daten nur das Wichtigste gespeichert wird und jedem Bürger die ihn betreffenden Informationen zugänglich sind.

Manchmal wird es so dargestellt, als ob durch Informationsbankensysteme der Manipulation Tür und Tor geöffnet würde (Bild 10). Man muß aber auch den entgegengesetzten Effekt beachten: In den Informationsbankensystemen unterliegt die Erfassung und Codierung wahrscheinlich einer sorgfältigeren Prüfung als bei den bisherigen Formen der Massenkommunikation.

Dazu kommt noch ein weiterer Effekt: Bei den bisher üblichen Methoden der Massenkommunikation ist der Konsument vom Angebot der Medien abhängig, seine Entscheidungsmöglichkeit für oder gegen eine Information ist gering, er ist der Vorselektion passiv ausgeliefert.

Die Informationsbankensysteme werden dem Konsumenten mehr Freiheit schaffen: Er ist nicht mehr darauf angewiesen, das vorselektierte Informationsangebot passiv zu empfangen, vielmehr kann er aus seiner Interessenlage heraus aktiv in den Informationsbankensystemen suchen. So kann der Konsument auch Täuschungsversuche leichter aufdecken.

Da für Entscheidungen die relevanten Informationen schnell abgefragt werden können, ist auf mehr Rationalität der Entscheidungen zu hoffen.

Eine interessante Perspektive entwickelte F. de Closets[34]: Er ist davon überzeugt, daß die bisherige Schwerfälligkeit und manchmal auch Unmenschlichkeit der Verwaltung durch ihre Unfähigkeit begründet ist, Einzelfälle individuell zu erledigen und die Datenverarbeitung mit ihrer viel größeren Potenz zur Berücksichtigung individueller Sachverhalte ein Faktor der Vermenschlichung ist.

Schon B. Brecht beklagte, daß der Rundfunk ein reiner Distributionsapparat sei, er teile lediglich zu. Brecht stellte die Forderung auf, den Distributionsapparat in einen Kommunikationsapparat zu verwandeln, der es verstünde, nicht nur auszusenden, sondern auch zu empfangen, also den Zuhörer nicht nur zu hören, sondern auch sprechen zu lassen und ihn nicht zu isolieren, sondern ihn in Beziehung zu setzen.

Zweifellos ist es ein Mangel der gegenwärtigen Massenkommunikation, daß eine relativ kleine Anzahl von Redakteuren das Informationsangebot bestimmt und eine sehr große Anzahl von Konsumenten dieses passiv aufnimmt. Zur Überwindung dieser unbefriedigenden Situation wurde mehrfach vorgeschlagen, die Konsumenten an der Produktion unmittelbar zu beteiligen, beispielsweise durch telefonische Rückrufe. Man erhoffte sich hiervon eine Belebung der Kommunikation, vielleicht sogar ein stärkeres Engagement der Bürger für politische Absichten. Die bisherigen Erfolge rechtfertigen die Erwartungen aber kaum. Der organisatorisch-technische Aufwand ist groß und steht in einem schlechten Verhältnis zur mäßigen Teilnahme der Öffentlichkeit.

Hier sei ausdrücklich festgestellt: Wer das Informationsangebot andernorts (sei es im Osten oder im Westen) aus eigener Anschauung kennt, der hält das Angebot in unserem Lande gar nicht für schlecht, sondern für ziemlich gut, möglicherweise sogar für das beste.

Es wäre für die kritischen Genossen sehr lehrreich, einmal längere Zeit ausschließlich auf das staatlich vorselektierte Informationsangebot sozialistischer Länder angewiesen zu sein.

Massenmedien sind Machtinstrumente. Deshalb versuchen Revolutionäre vor allem die Rundfunkanstalten in ihre Gewalt zu bringen. Wer über Rundfunk verkünden kann, er habe nun die Macht im Staate, der hat sie schon weitgehend, gleichgültig, wie groß oder klein seine sonstige Macht auch ist.

In unserem Lande wird dieser Kampf nicht mit roher Gewalt geführt, sondern mit den raffinierten Techniken der gewaltlosen Revolution, mit politischer Verzerrung und Überrumpelung:

»Massenkommunikation verdankt in den spätkapitalistischen Gesellschaften ihre Ausbreitung zu einem beträchtlichen Teil der Tatsache, daß die Bedingungen oligopolistischer Konkurrenz das Interesse seitens der Großkonzerne und Parteien entstehen lassen, durch Investition in Werbung und Public Relation für eine Stabilisierung und Kalkulierbarkeit der Einstellungen und Prädispositionen des Publikums zum Kauf oder zur Wahl zu sorgen. Durch selektives Aufgreifen bestimmter Bedürfnisse beim Publikum schafft sich dieses Interesse Massenmärkte, die weit in das Bewußtsein und Freizeitverhalten der Gesellschaftsmitglieder eingreifen[35] ...«

Diese Analyse mißfällt nicht nur durch ihre grobschlächtige Darstellung unserer Situation, sondern auch durch den unausgesprochenen Anspruch, der Kritiker hätte eine Alternative, welche die Wirkung der Gruppeninteressen ausschließt.

Die »Alternativen«, die z. B. H. Holzer und J. Schmid (in demselben Buch[36]) anbieten, sind recht enthüllend:

»Das kann jedoch nicht nur in Form von Schreibtischarbeit geschehen, sondern ist auch vor allem gebunden an praktische Aktionen zu tatsächlichen Veränderungen, wobei stets der Zusammenhang zwischen Politisierung der Bevölkerung und Demokratisierung der Massenmedien, zwischen Mitbestimmungspolitik und Aufklärungsarbeit im Zentrum zu stehen hat.«

Nach den Erfahrungen der letzten Zeit verstehe ich unter derartigen »praktischen Aktionen« bis zum Beweis des Gegenteils antidemokratische Aktionen.

Wir haben in unserem Lande die Möglichkeit, Kontrolle durch den Markt (die den kritischen Genossen so sehr mißfällt) und Kontrolle durch »gesellschaftlich relevante Gruppen« miteinander zu vergleichen. Bei der Presse dominiert die marktwirtschaftliche Kontrolle (unter anderem durch die »Abstimmung am Kiosk«), beim Rundfunk dominiert die Kontrolle durch »gesellschaftlich relevante Gruppen«.

Der Vergleich fällt nicht eindeutig zugunsten der Kontrolle durch »gesellschaftlich relevante Gruppen« aus. Wohl das beste an unserer Situation ist, daß diese beiden Kontrollsysteme sich teilweise gegenseitig kontrollieren und so extreme Fehlleistungen ausgeschlossen sind.

Vermutlich würde unser Informationsangebot viel schlechter, wenn dieselben politischen Gruppen Presse und Rundfunk kontrollieren würden. Dann würde sich bald ein ähnliches Informationsangebot wie in den sozialistischen Ländern ergeben: grau, gleichgeschaltet und trostlos.

Hinter den zahlreichen Versuchen, die Publizistik aus den bestehenden Verflechtungen herauszulösen steht – ausgesprochen oder unausgesprochen – H. Marcuses Wahrspruch[37]:

»Wir können wahre und falsche Bedürfnisse unterscheiden.«

Tatsächlich können die Vertreter dieses elitären Anspruches so wenig wie andere Menschen wahre und falsche Bedürfnisse unterscheiden, aber sie benutzen ihn als eine Waffe im Kampf um die politische Macht.

Ein solcher Versuch ist demokratisch legitim. Ebenso legitim ist aber die Feststellung: Hier wird nicht einer unterdrückten Wahrheit zum Durchbruch verholfen, sondern Meinungsmanipulation zum Aufbau von Machtpositionen betrieben. Man sagt »Meinungsfreiheit« und meint »Machtergreifung«.

Dieser Entwicklung gegenüber können wir nicht aufmerksam und kritisch genug sein: Wenn diese Leute tatsächlich die Massenmedien beherrschen, dann steht uns Schlimmstes bevor, dann ist auch in unserem Lande die Demokratie beendet. Die Massenmedien bestimmen – zusammen mit den Bildungseinrichtungen – die Motivation der nächsten Jahrzehnte. Die Mehrheiten für unser politisches System werden dahinschmelzen, wenn sich die Manipulation der linken Genossen erst einmal voll auswirkt. Dann braucht man zur Revolution keine Waffen mehr.

Die Genossen betreiben angeblich eine »Doppelstrategie«, bei der gleichzeitig auf zwei Klavieren gespielt wird: außerparteiliches Hochspielen punktueller Konflikte und innerparteilicher Druck, die hochgespielten Forderungen zu befriedigen.

Tatsächlich wird aber auch noch auf einem dritten Klavier gespielt: die Verzerrung der Tatsachen in den Massenmedien. Hierbei sind die politischen Darbietungen (z. B. politische Magazine) noch die ungefährlichsten, sie werden als solche bewußt und heben sich gegenseitig auf.

Viel gefährlicher ist die Vergiftung in kleinen Dosen, die sich über unsere Gesellschaft ergießt. Wer konkreten Vorgängen detailliert nachgeht, der stößt auf ein Ausmaß von Meinungsmanipulation, das dem oberflächlichen Beobachter unglaublich ist.

Wer sich der unverantwortbaren Entwicklung in unserem Lande – so z. B. an unseren Universitäten – entgegenstellt, der findet sich in Kürze in einem großen Teil unserer meinungsbildenden Presse als reaktionärer Buhmann wieder. Typisch hierfür ist das Schicksal des »Bundes Freiheit der Wissenschaft«, dessen Absichten mit der Überzeugung der meisten Bürger in unserem Lande übereinstimmen (vor allem Chancengleichheit beim Zugang zu den Hochschulen, Wahrung der kritischen Funktion freier Wissenschaftler und Erhaltung der politischen und sozialen Verantwortung der Hochschulen und ihrer Mitglieder in einer freiheitlich-demokratisch verfaßten Gesellschaft), um den herum die »kritischen« Genossen aber eine Mauer totaler Diffamierung aufgebaut haben. So wird gerade die Gruppe, die den Mehrheitswillen vertritt, von der Zustimmung der Mehrheit abgeschnitten und damit ihrer politischen Wirksamkeit beraubt. Ähnliche Beispiele gibt es noch viele: Die Bewertungen, die ein großer Teil der Publizistik konkreten Vorgängen beigibt, entsprechen nicht den Bewertungen unserer Gesellschaft.

Mit Bild 8 wurde als Zweck der Informationsübertragung die Übermittlung fremder Erfahrung und damit Ermöglichung erfolgreicher Problemlösung vorgestellt. Durch die Informationsübertragung wird aus einer Vielzahl isolierter Gehirne ein kooperierendes System, gewissermaßen ein gesellschaftliches Gehirn.

Durch Mängel bei der Informationsübertragung entsteht aber ein Gehirn, in dem Fasern abgeschnitten und umgepolt sind; die Informationen werden nicht mehr richtig zusammengebracht und verknüpft, sondern verfälscht und verwirrt. So entsteht Schlimmeres, als sich Parkinson einst ausdachte: nicht nur nutzlose Selbstbeschäftigung, sondern Zerstörung der Entwürfe, welche unsere Probleme lösen könnten.

Das Ungeschick unserer Gesellschaft, ihre eigenen Probleme zu lösen, ist weitgehend durch die Verfälschung unserer Absichten in einem großen Teil der meinungsbildenden Publizistik begründet.

Natürlich möchte niemand Zensur, aber es sollte doch jenseits aller gesetzlichen Regelungen ein Minimum moralischer Hemmungen bestehen.

Ich habe in dem Buch »Mensch, Technik, Zukunft[38]« begründet, weshalb wir eine Moral für technisches Handeln haben müssen: Unser Wirtschaftssystem ist kein Ersatz für eine akzeptable Moral technischen Handelns. Diese Forderung kann wörtlich auf die Kommunikation übertragen werden: Unser Wirtschaftssystem ist kein Ersatz für eine akzeptable Moral publizistischen Handelns. Hierin stimme ich mit den kritischen Genossen überein. Nur meine ich, was wir darüber hinaus brauchen, muß mit mehr Verantwortungsbewußtsein und weniger Gruppenegoismus gesucht werden.

Publizistik ist Macht. In Rechtsstaaten hat sich ein System ausgewogener formeller und informeller Gewaltenteilung herausgebildet, die Publizistik steht aber praktisch außerhalb jeglicher ernstzunehmender Kontrolle. Wer wagt es schon – Politiker oder Nichtpolitiker – gegen die Publizistik zu argumentieren? Bis man einem Richter nachgewiesen hat, daß ein Satz eine Lüge darstellt, haben die Rotationsmaschinen Millionen neuer Sätze hinausgeschleudert. Publizistisch leben wir faktisch in einem rechtlosen Raum.

Wenn es in unserem Lande noch einen Feudalismus gibt, so ist es publizistischer Feudalismus. Da werden den ideologischen Kumpels die Tore weit geöffnet und Richtigstellungen – auch entgegen besserem Wissen – nicht, nicht korrekt oder erst nach langwieriger juristischer Auseinandersetzung gebracht.

Diese Situation wird immer unerträglicher:

1. Die Macht der Publizistik wächst ständig durch die Perfektion der Technik, die Konzentration der Publikationsorgane und die veränderten Lebensgewohnheiten.
2. Bei manchen (zum Glück nicht allen!) Publikationsorganen wird das Mißverhältnis zwischen wachsender Macht und schwindender Moral immer empörender.

Dieses Mißverhältnis ist leider nicht quantifizierbar, man kann nur an konkreten Beispielen zeigen, was bei uns alles möglich ist. Hierbei braucht man keinesfalls obskure Organe zu untersuchen, auch beispielsweise »Die Zeit« gibt da schon einiges her.

Dort schrieb am 1. September 1972 Gräfin Dönhoff: »... die Illustrierten, Magazine und alle Publikumszeitschriften müssen um die Gunst der Leser buhlen, damit sie den Werbeagenturen hohe Erfolgsziffern melden können ... Immer wieder gelingt es einem findigen Kopf, die Sensationsschraube noch einmal um eine Umdrehung höher zu schrauben.«

Gräfin Dönhoff weiß auch, was man tun muß, um die Gunst des Lesers zu gewinnen: »In den einschlägigen Kreisen ist man nun einmal nur ›in‹, wenn man gegen das herrschende System ist, wenn man denen, die die Gesellschaft verändern wollen, jede Menge Beifall spendet, egal welche Mittel sie zur Erreichung ihrer Ziele anwenden.« (»Die Zeit« vom 28. Januar 1972).

Gräfin Dönhoff spendet Beifall: In der »Zeit« vom 6. August 1971 schrieb sie unter der Balkenüberschrift »MITTEN IN DER REVOLUTION«:

»Es vergeht kaum eine Woche, in der nicht irgendein Ereignis gemeldet wird, das anscheinend Krankheitssymptome der Gesellschaft aufdeckt: Vor 14 Tagen war es die Großrazzia nach Mitgliedern einer bis zum Schwerverbrechen verschworenen linken politischen Gruppe ... immer wieder Anschläge auf öffentliche Verkehrsmittel, auf Altersheime und andere schonungswürdige Institutionen ... Wenn man von Europa kommt, ist man überzeugt, in Istanbul dem Orient zu begegnen, besucht man die Stadt am Bosporus auf der Heimfahrt von Ostasien, ist man dagegen erstaunt, wie europäisch sie wirkt. Auf unsere Frage angewandt heißt dies: Vom Standpunkt einer bürgerlichen Norm, wie sie lange Zeit galt, gibt das, was heute geschieht, zu außerordentlicher Besorgnis Anlaß ...

Aber ist die vergangene Ordnung wirklich das adäquate Bezugssystem, an dem das Heute gemessen werden sollte und zu dem es unter allen

Umständen zurückzukehren gilt? Dies scheint mehr als fraglich. Viel wahrscheinlicher ist, daß, wer aus dem Jahr 2000 auf unsere Epoche zurückblickt, feststellen wird, dies war die größte – unblutige – Revolution des 20. Jahrhunderts, in ihrer alle Bereiche umfassenden Bedeutung der Französischen Revolution durchaus vergleichbar ... Beurteilt man das Geschehen ... nicht aus der Sicht der überkommenen Norm, sondern im Vergleich zu anderen Revolutionen, dann kann man sehr zufrieden sein, daß nicht mehr Gewalt geschieht.«

Ich halte dies für sachlich falsch und moralisch unerträglich:

Sachlich falsch: Der Vergleich mit der Französischen Revolution ist unhaltbar. Bei der Französischen Revolution wurde ein absolutistisches System beseitigt, zuerst mit Ideen, dann mit dem Fallbeil. Welches System soll denn heute beseitigt werden, etwa die parlamentarische Demokratie? Gibt es dann in unserer Gesellschaft irgendeine Verhaltensform, die anders als durch demokratischen Konsens eingeschränkt wäre? Was unser heutiger Staat von seinen Bürgern fordert, ist das Minimum, das ein menschliches Zusammenleben ermöglicht. Wo diese Regulierungen Mängel haben, da können sie durch Mehrheitsentscheidungen verbessert werden.

Moralisch unerträglich: Gräfin Dönhoffs Gedankenexperiment, diese kriminellen Vorgänge versuchsweise nicht vom moralischen Standpunkt, sondern von einem unmoralischen Standpunkt aus zu betrachten, diese Relativierung selbstverständlicher Grundsätze menschlichen Zusammenlebens ist unerträglich. Unmoral ist keine annehmbare Alternative zur Moral.

Wenn man einem potentiellen Verbrecher sagt, er sei eigentlich gar kein potentieller Verbrecher, sondern möglicherweise ein Kämpfer der »größten Revolution« und Prophet der nachbürgerlichen Moral, dann zerstört man seine Hemmungen gegenüber verbrecherischem Verhalten:

»Die Gesellschaft dient nur der Aufrechterhaltung bestehender Machtverhältnisse. Es ist erlaubt, gegen diese Gesellschaft zu kämpfen.«

So verteidigte sich der Mörder von Lebach.

Auch die Olympiade-Mörder nehmen in Anspruch, keine Verbrecher zu sein. In all diesen Fällen ist es die entscheidende Leistung, solchen moralischen Pervertierungen nicht zu folgen.

Das Problem unserer Zeit ist nicht die unbegrenzte Emanzipation (die ist nur für manche Publizisten profitabel), sondern die reflektierte Bindung, die Unterwerfung unter Regeln, deren Einhaltung die Existenz der menschlichen Kultur ermöglicht.

Diesem Ziel muß auch die Publizistik dienen. Es geht ja um mehr als die grammatisch richtige Aneinanderreihung von Wörtern: Man muß auch über den Sinn des Publizierten und seiner Folgen nachdenken, schließlich sogar bereit sein, Verantwortung dafür zu tragen.

Ob Gräfin Dönhoff einmal darüber nachgedacht hat, welche Wirkungen ihre Sprüche in den Köpfen unorientierter Leute haben? Oder ob sie nur bestrebt war, »in« zu sein, die »Sensationsschraube noch einmal höher zu schrauben«, um den »Werbeagenturen hohe Erfolgsziffern melden zu können«?

Was ich Gräfin Dönhoff vorwerfe, sind nicht bewußt böse Absichten, es ist das, was in der »Zeit« anderen in überheblicher Weise vorgeworfen wird: technokratisches Verhalten, das keine Rücksicht auf seine sozialen und politischen Folgen nimmt.

Es ist verdienstvoll, einst sensibel gewesen zu sein und Widerstand geleistet zu haben. Aber es ist wichtiger, jetzt sensibel zu sein und Widerstand zu leisten.

Leider ist dies keine Ausnahme, sondern nur ein herausgegriffenes Beispiel: Unsere Publizistik ist durchsetzt von der Leichtfertigkeit, aus der die Systemzerstörung herauswächst.

Die vergiftete Gesellschaft

Wer ein Medikament herstellt oder vertreibt, steht unter schwerer Verantwortung: Sind die benutzten Stoffe rein, richtig dosiert, transportfest, gibt es keine Folgeschäden usw.?

Nun kann man Menschen aber nicht nur mit materiellen Präparaten vergiften, sondern auch mit informationellen Präparaten, mit Ideen, welche Menschen oder Gesellschaften schaden. Hiermit hat man ja in unserem Lande einige Erfahrung.

Gegen die materielle Vergiftung gibt es scharfe Kontrollen, gegen die informationelle Vergiftung aber praktisch keine. Wer fragt schon bei publizierten Ideen, ob sie intellektuellen oder moralischen Mindestanforderungen genügen? Wer zieht schon einen Professor zur Verantwortung, wenn er die Jugend aufhetzt? Gedanken sind frei, die Universitäten autonom, und eine Zensur findet nicht statt.

Die Folgen sind offensichtlich: eine vielfach vergiftete Gesellschaft, deren Kommunikation immer stärker zur Diffamierung tendiert, in der Kreativität und Pluralität der Meinungen zu Hemmungslosigkeit und Selbstzerfleischung werden, die zur Lösung ihrer Probleme immer unfähiger wird und in der die Zukunftsvisionen die Selbstzerstörung voraussetzen.

Um Voraussehbarem vorzubeugen: Ich plädiere weder für Zensur, noch für eine formierte Gesellschaft, noch für eine heile Welt und halte Nestbeschmutzung manchmal für unvermeidbar. Aber ich protestiere dagegen, daß unser Zusammenleben und unser Staat fortwährend leichtfertig denunziert und vergiftet werden.

Es ist unglaublich und grotesk: Diese Gesellschaftsform, die keinen Vergleich mit irgendeiner anderen zu scheuen braucht, wird fortgesetzt als ein zu beseitigendes Objekt einer nahe bevorstehenden Revolution dargestellt. Dies dulden wir nicht nur fahrlässig, sondern wir lullen uns auch noch ein in den Optimismus, diese Diffamierung sei nur vergänglicher Schall und hätte keine Wirkung auf unser zukünftiges Zusammenleben.

Zweifellos steht unsere Gesellschaft (wie alle anderen auch) unter Anpassungszwängen. Die veränderlichen sozialen, wirtschaftlichen und technischen Bedingungen erzwingen Korrekturen getroffener Vereinbarungen unseres Zusammenlebens. Daß hier nur solche Veränderungen möglich sind, denen die Mehrzahl unserer Bürger zustimmt, ist ihr besonderer Vorzug. Hier verfängt man sich auch nicht in irgendwelchen Doktrinen, aus denen es keinen Ausweg mehr gibt.

Ich empfinde es aber als empörend, mit welcher Leichtfertigkeit in unserem Lande von der »Überwindung dieses Systems« geschrieben und gesprochen wird und noch empörender, wie dieses unverantwortliche Getue hingenommen wird. So wie früher kleine Buben mit Zinnsoldaten spielten, so wird jetzt in unserem Lande mit Revolutionsphrasen gespielt – und dies nicht nur von kleinen Buben.

Dieser Zustand der sozialen Vergiftung wurde mir besonders bewußt, als ich zu einer wissenschaftlichen Tagung in die DDR fuhr. Dort sah und hörte ich Ungewohntes: Aufrufe, diesen Staat zu lieben und solidarisch an der Lösung seiner Probleme mitzuarbeiten. Ein Minister forderte die Studenten auf, ihre Arbeit mit Liebe zu tun – und wurde *nicht* ausgelacht.

Im Gespräch unter vier Augen erweist sich die Schwäche solcher Seelenmassage. Man nimmt sie nicht ernst und entwickelt eine doppelte Moral, die sozialistische Lippenbekenntnisse mit »bürgerlichem« (d. h. normalem) Verhalten vereint. Dort wäre *das* die richtige Therapie, was wir im Übermaß haben: die Möglichkeit, Konflikte offen auszutragen. Bloß eben, jedes Medikament wird in Überdosis zum Gift. Die hemmungslose Diffamierung unserer Gesellschaft, diese fortwährenden Anklagen und Verdächtigungen sind keine Therapie mehr, vielmehr eine Vergiftung unseres Zusammenlebens, eine soziale Autointoxikation.

Im Jahre 1930 schrieb Erich Kästner sein ironisches Gedicht »Und wo bleibt das Positive, Herr Kästner?«. Damals war unser Land voll des naiven Glaubens, man könnte doch alles wieder in die alte Ordnung zurückbringen. Seitdem hat sich aber die geistige Landschaft bei uns total verändert, es herrscht kaum mehr der naive Glauben, man könnte alles wieder in die alte Ordnung zurückbringen, jetzt herrscht die bitterböse, essigsaure und giftige Zerstörungswut, jetzt will man vollends alles kaputtmachen. Jetzt braucht es keines Mutes mehr, sich für das Negative einzusetzen und zu behaupten, es sei alles falsch programmiert.

Die Formen unseres gegenwärtigen Zusammenlebens sind das Ergebnis eines unermeßlichen historischen Optimierungsprozesses. Wo wir sie verändern wollen, müssen wir behutsam vorgehen: vor allem die Wirkungen der Veränderungen geistig vorwegnehmen. Es ist ein mühsames Geschäft, sich den Bedingungen der Zukunft zu stellen und gleichzeitig Verantwortung zu tragen. Fortschrittlich allein ist zu wenig, vielfach nichts anderes als eine Flucht aus der Verantwortung.

Ein Plädoyer für dieses System könnte leicht als konservative Starrheit ausgelegt werden. Deshalb möchte ich hier ein unmißverständliches Bekenntnis zur Veränderung ablegen:

Hier wurden zu lange und mit zu schlechten Gründen Reformen verhindert. Wenn wir unser freiheitliches politisches System erhalten wollen, dann müssen wir Probleme lösen, solange sie noch ohne Systemzerstörung gelöst werden können.

Die notwendigen Veränderungen dürfen aber nicht über unbedachte und wilde Zerstörungen gehen: Wir müssen vielmehr zuerst die realen Möglichkeiten geistig vorwegnehmen und können erst dann an ihre Verwirklichung gehen.

Dies ist wohl der zentrale Punkt: Die Unverantwortlichkeit der »Progressiven«, die zuerst alles zerschlagen wollen, ohne irgendeine Vorstellung zu haben, wie es danach sein solle, und die Gleichgültigkeit der Öffentlichkeit, welche die Denunziation hinnimmt, als ob nicht unser aller Zusammenleben hierdurch vergiftet würde.

Wenn vor fünfzig Jahren bekannt geworden wäre, daß ein Reeder Gift in den Rhein geschüttet hat, dann hätte man dies kaum beachtet. Heute wird dasselbe als unverantwortlich beurteilt und verurteilt. Hier ist das Bewußtsein empfindlicher geworden.

Wo es aber um die psycho-soziale Vergiftung unseres Zusammenlebens geht, da ist man noch ganz unempfindlich: Man nimmt es hin, daß unsere Gesellschaft und besonders unsere Jugend hemmungslos vergiftet werden. Im psychischen Bereich ist man gegen die Pollution noch ganz gleichgültig.

Die psycho-soziale Vergiftung wirkt vor allem durch die Diffamierung erprobter Verhaltensformen: so z. B. Gemeinsinn, Leistungsprinzip, Verantwortungsbewußtsein, Rauschgiftabstinenz und auch funktionierender politischer Strukturen. Sie agiert im Namen einer selbstbestätigten Humanität und tarnt ihre Herkunft aus Haß und Neid.

Es ist unvorstellbar, wieviele pseudorationale Vorurteile neuerdings durch Schulbücher und Massenmedien in die Köpfe gutgläubiger Kinder hineingepreßt werden. In einem Alter, in dem sie zu autonomer Kritik unfähig sind, werden sie zum Klassenkampf und gegen solidarisches Zusammenleben programmiert. Mit diesem Ausmaß an Aggressionen, das hier leichtfertig (häufig auch gewinnbringend) erzeugt wird, kann kein demokratischer Staat – ob rechts oder links regiert – fertig werden. Hier wird die Notwendigkeit der Diktatur psychisch vorbereitet. Ich vermute, daß wir dem »Point of no return« näher sind, als vielfach geglaubt wird.

Bei der immateriellen Pollution handelt es sich um viele Einzelvorgänge, denen gemein ist, daß die Zustände in unserer Gesellschaft verdächtigt werden und damit die Zerstörung dieser Gesellschaft als notwendig begründet wird. Hierfür einige willkürlich herausgegriffene Beispiele (wobei der Wahlkampf bewußt ausgespart wurde):

D. Hanitzsch verdächtigte in der Fernsehsendung »Report« die »Schulmedizin«, erfolgreiche Methoden der Infarktbekämpfung zu verhindern, weil sie angeblich »an einer erfolglosen Lehre festhält«. F. Deich (»Die Welt« vom 30. Oktober 1971) berichtet, daß viele Infarktgefährdete daraufhin die vom Arzt angeordnete Vorsorge (Umstellung der Lebensweise) verworfen haben. Hier zeigt sich, wie Menschen durch schlechte Information geschädigt werden können.

Im Mai 1972 wurden einige Bundestagsabgeordnete während der Kampfabstimmungen schwankend. Der Fernsehmoderator C.H. Casdorff denunzierte in «Monitor« den ehemaligen FDP-Abgeordneten Wilhelm Helms, indem er negative Äußerungen (wie z. B. »biederer Landmann«, »überfordert«) in primitivster Schwarz-Weiß-Manier zusammenstellte. Hier stellt sich die Frage: Wo beginnt eigentlich die Erpressung durch Publizistik?

H. M. Enzensberger führt es in seinem »Kursbuch 20« auf den Grundwiderspruch zwischen herrschender und beherrschter Klasse zurück, daß nicht jeder Besitzer eines Transistorradios mit diesem auch senden darf, obwohl dies nach seiner Meinung auch möglich wäre. Ihn stört weder die Tatsache, daß auf einer Wellenlänge eben nur einer und nicht viele senden können, noch die Tatsache, daß auch in den angeblich klassenlosen Gesellschaften nicht jeder senden darf.

Rudolf Walter Leonhardt gab seinem »Haschisch Report« den Untertitel »Dokumente und Fakten zur Beurteilung eines sogenannten Rauschgiftes« und verteidigte den Rauschgiftkonsum mit dem Hinweis auf das Recht auf den eigenen Körper. Welche Wirkung muß die Kennzeichnung »eines sogenannten Rauschgiftes« auf unerfahrene Menschen haben? Vor allem, wenn ihnen eingeredet wird, dem Weg in das Paradies stünde das verfluchte Establishment ja nur aus Eigennutz entgegen?

Nach dem entsetzlichen Unglück, welches Contergan über unsere Gesellschaft brachte, wurde mit großem juristischen Aufwand nach den Schuldigen gesucht. Rauschgift hat aber nicht weniger Unglück als Contergan über unsere Gesellschaft gebracht, aber niemand denkt daran, nach den Verantwortlichen zu suchen. Sie sitzen unerschüttert weiter in den Redaktionsstuben und erteilen unserer Jugend Ratschläge. Und wenn sie wieder falsch sind, werden sich diese Leute dann genau so unverantwortlich wiederum neuen Problemen zuwenden und Erinnerungen an ihre unverantwortlichen früheren Ratschläge als ärgerliche Unterbrechung ihres neuesten Gesellschaftsspiels abwehren.

Die zeitgenössische Gesellschaftskritik prangert mit Recht den »Technokraten« an, der alles macht, was technisch möglich ist, ohne Rücksicht auf die sozialen oder politischen Folgen. Gerade bei Naturwissenschaftlern und Ingenieuren setzt sich aber die Einsicht durch, daß es Experimente gibt, die *nicht* gemacht werden dürfen.

Sollte man nicht auch den informationellen Technokraten kritisieren, der alles publiziert, was Honorar bringt, ohne Rücksicht auf seine sozialen oder politischen Folgen? Niemand möchte Zensur, aber es sollte jenseits aller juristischen Kontrollen auch moralische Hemmungen geben. Man kann im Kreis von Fachleuten durchaus z. B. darüber diskutieren, wie gefährlich Haschisch ist, aber es ist unverantwortlich, diesen Test mit der Gesundheit von Hunderttausenden unerfahrener junger Menschen zu machen. Es gibt Zweifel, die man nicht öffentlich, sondern nur im Elfenbeinturm austragen kann.

Manche Publikationsorgane (rechts oder links) erzeugen den Eindruck, in unserer Gesellschaft lebten vorwiegend moralisch minderwertige Subjekte. Wo kein Skandal zu finden ist, da wird eben einer erfunden. Weshalb ist diese Daueranklage publizistisch so erfolgreich? Ich möchte hierfür folgenden Deutungsversuch wagen: Unser Lebensgefühl ist durch viele Versagungen bestimmt. Das dichte Zusammenleben in hochkomplexen Strukturen erzwingt Einschränkungen in einer Zeit, welche glaubt, alle Schranken überwinden zu können. So wird »Frustration« zum Super-Modewort. Das Mißverhältnis zwischen der ungehemmten Phantasie und der stark gehemmten Realität erzeugt diese Dauerfrustration. Welche Chancen bieten sich hier den Irrlichtern unserer Zeit, einfach zu behaupten, alle diese Einschränkungen beruhten keinesfalls auf der Dichte unseres Zusammenlebens, den Dimensionen unserer Ansprüche und sozialen Abhängigkeiten, vielmehr auf den kriminellen Machenschaften irgendwelcher Gruppen und vor allem dieses politischen Systems, die man nun entlarven werde.

Diese publizistische Masche hat mit dem strafrechtlich verfolgten Betrug gemein, daß Unerfahrenheit und Unaufmerksamkeit zum eigenen Profit ausgenutzt werden.

Nur in den seltenen Fällen, wo konträre publizistische Interessen frontal aufeinanderprallen, sieht der Konsument hinter die Kulissen. In der Mehrzahl der Fälle, wo nur Normalverbraucher betroffen sind, bleibt die Manipulation so unentdeckt wie die Rücksichtslosigkeit der persönlichen Diffamierung.

Charakteristisch für die psycho-soziale Vergiftung ist auch der Bedeutungswandel des Wortes »Kritik«. Einst verstand man unter »Kritik«, daß Meinungen oder Theorien anhand der Erfahrung, Logik oder Vernunft geprüft und verändert werden. Neuerdings bedeutet »kritisch« aber etwas ganz anderes. Es ist etwa gleichbedeutend mit »systemüberwindend« oder »systemzerstörend«, gleichgültig, ob das Vorgebrachte nun irgend etwas mit Erfahrung, Logik oder Vernunft zu tun hat oder nicht. So stirbt hinter dem verbalen Dauerkritizismus die Fähigkeit zu ernsthafter Kritik und Selbstkritik. Massenhysterie und Megaphone sind hierfür kein Ersatz.

Unter den vielen Folgen der psycho-sozialen Vergiftung ist die Lähmung unserer Entscheidungsstrukturen besonders gefährlich. Man erwartet von den Verantwortlichen Kreativität und Engagement. Wie aber kann Kreativität und Engagement entstehen bei diesem permanenten Streß, den die psycho-soziale Vergiftung erzeugt?

Selbst bei denen, deren Amt es ist, die Grundsätze rechtsstaatlicher Ordnung zu verteidigen, wird die Verteidigung immer zaghafter, halbherziger und weniger überzeugend. Man fühlt sich in der Rolle des Angeklagten, wenn man die Grundsätze demokratisch beschlossener Gesetze befolgt.

E. Eucken-Erdsiek spricht davon, daß es den Aufrührern nicht nur gelungen ist, »sich durch ununterbrochenen Wirbel und Lärm in den Vordergrund zu spielen und – pausenlos angreifend – eine erschreckte Allgemeinheit in Atem zu halten. Sie haben es darüber hinaus auch fertiggebracht, eine solche Verwirrung in die gegnerischen Reihen zu tragen, daß ihnen unter der Hand bereits eine Art von rechtlichem Ausnahmestatus zugebilligt wird[39].«

E. Benda gibt hierfür ein typisches Beispiel:

»Die phantastisch klingende Forderung, Bombenleger und Dum-Dum-Schützen nicht ausschließlich mit staatlicher Gewalt zu bekämpfen, sondern mit ihnen wie mit einem vielleicht ungeliebten, aber Realität darstellenden Staat zu verhandeln, ist mehr als eine absurde Theorie[40].«

Wie weit sich rechtsstaatliches Denken bei uns bereits auflöst, zeigte besonders kraß das Fernseh-Interview mit dem Stuttgarter Rechtsanwalt (also einem studierten und damals praktizierenden Juristen), der richterliche Strafmaßnahmen mit terroristischen Gewalttaten gleichsetzte.

Die Kritik der »Kritiker« zielt nur scheinbar auf die Verbesserung des Kritisierten, tatsächlich ist ihr Ziel aber die Verunsicherung der Verantwortlichen, die Verschlechterung der Zustände in unserem Land und so die Vorbereitung der Systemzerstörung. Die erste Etappe der Systemzerstörung ist bald erreicht: die Universitäten von der Wissenschaft zum Klassenkampf umzufunktionieren und die Verteidiger der Wissenschaft als egoistische Starrköpfe abzuqualifizieren.

Der jämmerliche Zustand unserer Universitäten und die Verfahrenheit der angeblichen Reformen scheint mir vor allem dadurch begründet, daß die Professoren durch eine unverantwortliche Publizistik öffentlich so denunziert sind, daß ihre Hilferufe vielfach nur noch als Eigennutz und konservative Starrheit verstanden werden. Wer glaubt bei uns noch einem Professor, daß er sich der gegenwärtigen Entwicklung ohne Eigennutz und in ohnmächtiger Verzweiflung über den voraussehbaren Niedergang unserer wertvollsten kulturellen Institutionen entgegenstellt?

Welche menschlichen Tragödien sich an unseren Universitäten gegenwärtig abspielen, hat die Öffentlichkeit noch nicht begriffen. Als ich in der »Welt« vom 20. November 1971 die psycho-soziale Vergiftung beklagt hatte, erhielt ich einen zustimmenden und erschütternden Brief eines international bekannten Wissenschaftlers, Professors und mehrfachen Doktors. Er hatte einst – als Liberaler und Jude – das Dritte Reich verlassen, war aber im Jahre 1964 »töricht genug«, ein Ordinariat in einer westlichen Demokratie mit einem solchen in der Bundesrepublik

Deutschland zu vertauschen. Jetzt aber – angesichts der Entwicklung in unserem Lande – war er verzweifelt und bereute zutiefst, zurückgekommen zu sein. Er beklagte es besonders, daß an wissenschaftliche Arbeit längst nicht mehr zu denken sei und ersehnte seine baldige Emeritierung, »falls ich es noch erlebe«. Nun bekam ich seine Todesanzeige. Er bittet darum, anstelle von Blumen Spenden an die SOS-Kinderdörfer zu überweisen.

Der Präsident meiner wissenschaftlichen Akademie (mit Sitz in der DDR) schrieb:

»Ich bin schmerzlich berührt von der Verzagtheit vieler Kollegen aus der Bundesrepublik ... Zur starken Emigration während der Nazizeit ... gesellt sich eine noch gefährlichere innere Emigration ...«

Viele Hochschullehrer sind in einem Ausmaß deprimiert, daß an persönliches Engagement und Kreativität kaum mehr zu denken ist.

Die gegenwärtige Zerstörung unserer Universitäten ist der strategisch wirkungsvollste Ansatzpunkt zur Zerstörung unseres politischen Systems. Die gegenwärtigen Mehrheiten für dieses demokratische System werden dahinschmelzen, wenn erst einmal die vielen Lehrer, Soziologen, Politologen usw., deren Köpfe gegenwärtig an den Universitäten mit dem »wahren Bewußtsein« gefüllt werden, unsere Gesellschaft durchsetzen.

Als Ursachen dieser fortwährenden sozialen Selbstvergiftung vermute ich folgende. Erstens überfordern die gegenwärtig entstandenen hochkomplexen sozialen, wirtschaftlichen und technischen Strukturen die Vorstellungskraft der meisten, und sie reagieren in der primitivsten Weise darauf: Verdächtigung alles dessen, was sie nicht verstehen.

Zweitens scheint mir vielfach eine recht schlichte Vorstellung vom Ablauf der Geschichte zu herrschen: die Vorstellung, daß es von der totalen Abhängigkeit des Urmenschen geradlinig zur totalen Unabhängigkeit des Menschen der Zukunft ginge. Man erkennt nicht, daß die Erhaltung der menschlichen Kultur Einhaltung vieler Verhaltensnormen voraussetzt und die Vorstellung totaler Emanzipation auf vollständiger Verkennung der Realitäten beruht.

Drittens schließlich haben es unsere Parteien ebenso wie unsere geistige Elite versäumt, glaubwürdige Ziele in der Zukunft zu zeigen.

Daß diese psycho-soziale Vergiftung überhaupt möglich und so publikumswirksam ist, beruht meines Erachtens darauf, daß wir unseren politischen Betrieb unbewußt so laufen lassen, wie er eben läuft und uns keine Mühe geben, über seine Grundsätze und über seine Zukunft ernsthaft nachzudenken. In dieser Situation können wir auf die Frage der Jungen, weshalb dies alles so ist, wie es ist, keine bündigen Antworten geben, und sie glauben den Rattenfängern unserer Zeit, daß alles, was nicht leichtverständlich begründet werden kann, unverantwortlich sei, Machenschaft und Mauschelei eines kriminellen »Establishments«. Die Jugend verlangt nach Orientierungen, und wenn *wir* sie ihnen nicht geben, dann greifen sie nach dem nächstbesten Orientierungssystem, auch wenn es realiter sehr inhuman ist, wenn es nur irgendwelche Antworten auf Fragen gibt.

Die dürftige theoretische Basis unseres politischen Systems hat viele Gründe, so vor allem den selbstgefälligen Pragmatismus der Systemerhalter, die aktuelle Probleme ohne langfristige Entwürfe lösen und glauben, man könnte diese Zeit härtester ideologischer Auseinandersetzungen ohne theoretische Basis überstehen, gewissermaßen mit Voll-Kasko-Versicherung.

Unheilvoll wirkt auch die ideologische Prüderie, die unser System als etwas Gottgewolltes versteht, nicht aber als ein Ergebnis menschlicher Entscheidungen, über die man mit guten Gründen streiten kann und muß. Man versäumt sachliche Begründungen und argumentiert mit heiligen Kühen.

Unser Bildungs- und Wissenschaftsbetrieb hat sich bisher kaum bemüht, dieses politische System zu verteidigen. Man begegnet der Parole »Marx an die Universitäten« mit verschämten Ausreden, anstatt ihr bessere Entwürfe entgegenzustellen. So verfestigt sich in den Köpfen vieler Studenten die Vorstellung anderer politischer Systeme als wahrer Paradiese auf Erden. Die trostlose Realität dieser angeblichen Paradiese erfahren sie so wenig wie die Vorzüge unseres eigenen Systems.

Ein politisches System hat aber seine eigene Zerstörung geistig schon akzeptiert, wenn es seine eigenen Prinzipien fortwährend in Frage stellen läßt und darauf verzichtet, seine eigene Position zu vertreten.

Als Nachteil unseres politischen Systems wird wohl immer bleiben, daß es an die Intelligenz und Moral seiner Bürger höhere Anforderungen stellt als andere Systeme. Wenn dieses politische System zugrunde geht, dann sicher nicht an unüberwindbaren objektiven Widersprüchen, sondern an unserer mangelnden Intelligenz und Moral – und vor allem an unserem mangelnden Mut, den Systemzerstörern entschlossen zu widersprechen.

Die fortwährende Vergiftung unserer Gesellschaft hat schlimme Folgen, die man wohl erst nach Jahrzehnten übersehen kann. Die Folgen des Rauschgiftkonsums zeigten sich wenigstens noch relativ rasch. Aber welche Folgen wird z. B. die sexuelle Enthemmung, der Abbau des Leistungsprinzips, die »antiautoritäre Erziehung«, die Zerstörung des Vertrauensverhältnisses zwischen Eltern und Kindern und die hemmungslose Traditionsvernichtung langfristig haben? Hierauf kann niemand eine überzeugende Antwort geben, hier werden leichtfertig soziale Verhaltensformen zerstört, ohne zu wissen, was an ihre Stelle treten wird.

Vorläufig kann man über die Folgen der Vergiftung nur Vermutungen anstellen: Der Abbau des Leistungsprinzips verhindert die Lösung unserer globalen Probleme, Entwicklungshilfe, Stadtsanierung, Bildung, Gesundheitswesen.

Die Leichtfertigkeit, mit der jeweils andere für eigene Schwierigkeiten verantwortlich gemacht werden, vermindert die persönliche Reife und erschwert die Einfügung in gesellschaftliche oder wirtschaftliche Organisationen.

Die Erhaltung unserer Umwelt setzt eine gewisse Solidarität des Verhaltens voraus; wo man sich aber mit dieser Gesellschaft nicht identifiziert, da achtet man auch nicht auf ihre Umwelt und die Erhaltung ihrer Einrichtungen.

Daß die Zunahme der Gewaltverbrechen nicht mit der Vergiftung unserer Gesellschaft zusammenhänge, wird zwar behauptet, erscheint aber unglaubwürdig.

Wir geben jährlich hohe Milliardenbeträge für die Bundeswehr aus, wahrscheinlich sind diese Ausgaben aber ziemlich nutzlos, weil viele Soldaten sich nicht mit dieser Gesellschaft identifizieren und sie nicht für verteidigungswert halten.

Bedenklich ist die Abwertung der Fortschrittlichkeit. Wer sich heutzutage für soziale und politische Fortschritte einsetzt, der muß sich zuerst von den Leuten distanzieren, die ähnliches sagen. Besonders übel: Im Namen der Zukunft wird die Gegenwart vergiftet, für Gruppeninteressen wird die menschliche Solidarität zerschlagen.

Öffentliche Veranstaltungen werden immer häufiger gestört, gesprengt oder umfunktioniert. Die öffentliche Diskussion unserer gesellschaftlichen Probleme wird immer schwieriger. Man gibt nicht zu, daß Demokratie darin besteht, auch andere sprechen zu lassen, und daß Diskutieren mit Zuhören beginnt. Dieser deprimierende Stil der öffentlichen Auseinandersetzung wird schließlich zur Entdemokratisierung führen.

Am verhängnisvollsten erscheint mir die psychische Haltung eines Teiles unserer Jugend: Es ist eine Armee von Revolutionären im Wartestand, die wartet, solange unser politisches System ordnungsgemäß funktioniert. In Krisensituationen – seien es nun innere oder äußere Krisen – werden aber schlagartig alle Dämme brechen.

Dann werden viele, die jetzt aktiv an der Vergiftung mitarbeiten, die Hände in Unschuld waschen: So haben wir es nicht gemeint. Dann werden viele reine Toren den Leidensweg Adornos gehen.

Die angebliche »Demokratisierung« verhindert eine ernstzunehmende Universitätsreform, sie ist eine von der Öffentlichkeit nur noch nicht durchschaute Form zunächst der Universitätszerstörung und danach der Gesellschaftsrevolution.

Der üble Zustand unserer Universitäten wurde von angeblich kompetenter Seite durch Statistiken »widerlegt«: Es seien ja nur wenige Promille der Vorlesungen gestört worden, und das sei, übers Ganze gerechnet doch nicht der Rede wert.

Diese Argumentation geht an der wesentlichen Funktion der Universität vorbei: Die Universität ist eine geistige Institution, keine Verwaltungsinstitution, ihre Aufgabe ist die Vermehrung und Weitergabe von Ideen. Diese Funktion kann auch dann zum Erliegen kommen, wenn scheinbar noch alles in Ordnung ist, wenn überhaupt keine äußeren Störungen vorgekommen sind; beispielsweise dann, wenn die Kommunikation zwischen Lehrenden und Lernenden nicht mehr als Weitergabe und Vermehrung von Information verstanden wird, vielmehr als ständiger Klassenkampf zwischen den angeblich herrschenden Professoren und den angeblich unterdrückten Studenten, wenn die Aufforderung zur Leistung als repressive Unterdrückung denunziert wird und die Kooperation zur Denunziation ausartet. Diese Veränderung des geistigen Klimas kann eine Universität lahmlegen, ohne daß es zu statistisch erfaßbaren Störungen kommt.

Kürzlich sagte eine Protestsängerin in einer Fernsehsendung sinngemäß: »Ich singe nur kritische Lieder, aber aus der Politik halte ich mich raus!« Vielen angeblich »kritischen« Studenten geht es ähnlich: Sie halten wenig von dem harten Geschäft, politische Zusammenhänge kritisch zu durchdenken, sie protestieren ohne Nachdenken.

Dem entspricht der groteske Befund, den G. Baumann publizierte:

»Die Gesamtzahl der Jugendlichen fordert zu 58 Prozent, daß die Regierung die Gesellschaft durch Reformen verändern soll, 39 Prozent sind dafür, das Bestehende zu bewahren. Hierbei halten die Studenten mit großem Abstand die Spitze: 86 Prozent drängen auf Veränderung, nur 10 Prozent sprechen sich für das Bestehende aus. Das hindert jedoch nicht, daß 83 Prozent lieber in der Bundesrepublik leben als in einem anderen Land, die Studenten sogar zu 89 Prozent. Bei der Frage, auf welchen Gebieten bessere Erfolge erzielt und Veränderungen vorgenommen werden sollen, geben 44 Prozent zu, daß sie darüber keine Vorstellungen haben[41].«

Um die Groteske ganz deutlich zu machen: Der »typische« Student möchte in diesem und keinem anderen System leben, aber er möchte es zugleich ganz anders haben, bloß weiß er nicht, wie es anders sein sollte.

Ein »kritisches Bewußtsein« müßte eigentlich zugestehen, daß die Verhältnisse in unserem Lande nicht extrem schlecht, sondern relativ gut sind. Daß vieles verbessert werden muß, ist unbestreitbar, vor allem unsere Universitäten. Hierbei ist nicht nur an die schlechte Organisation und unzureichende Finanzierung zu denken, sondern in erster Linie an die miese geistige Verfassung.

Für unsere Universitäten gilt besonders, was W. Rathenau einst sagte:

»Was hemmt und erstickt, sind nicht Menschen und Dinge, nicht bewußter Wille und aufzählbare Einrichtungen, sondern das, was zwischen Menschen und Dingen schwebt, scheinbar nicht zu fassen und doch mit jedem Atemzug empfunden: Die geistige Atmosphäre.«

Betrachtet man unvoreingenommen die Plakate, Beschriftungen und Bilder, die unsere Universitäten oder Studentenzeitschriften bestimmen: Was sich hier zeigt, ist großenteils niveauloser Vulgärmarxismus.

»Niemals in ihrer vielhundertjährigen Geschichte ist die deutsche Universität schon äußerlich so entwürdigt gewesen wie heute: mit ideologischen Parolen und obszönen Sprüchen beschmiert, in ihren größten Hörsälen Marktplatz der Emotionen[42].«

Noch nie (außer zur Nazizeit) wurde so hemmungslos diffamiert, noch nie so verlogen argumentiert, noch nie so scheinheilig protestiert. Noch nie war man so unfähig, sich zu schämen; noch nie hatte die Ignoranz ein solch gutes Gewissen.

Sozialisation ist vor allem Einfügung in die menschliche Kommunikation: Wahrnehmung, was der andere meint und möchte, wenn er etwas sagt. Zusammen mit der gegenwärtigen psycho-sozialen Vergiftung entwickelt sich aber eine unmenschliche »Antisozialisation«: Wie kann man das Gemeinte mißdeuten und die Motivation verdächtigen?

Die gegenwärtig an den Universitäten vielfach dominierende Ideologie geht – ob sie nun unter kommunistischer Flagge segelt oder nicht – von der Vorstellung des Klassenkampfes aus.

Immer mehr verloren geht der Grundsatz, daß die Universität ein Freiraum zur geistigen Abklärung unterschiedlicher Theorien und Ideologien ist, die nur unter Wahrung von Toleranz und Anstand betrieben werden kann. Die geistige Freiheit an unseren Universitäten nahm deshalb in den letzten Jahren nicht zu, sondern ab. Wer über Bewertungen, Ziele oder gesellschaftsrelevante Denkmodelle spricht, ohne marxistische Klischees zu benützen, der hat es schwer.

Was hier besonders beunruhigt, ist die fortschreitende Bewußtseinsverengung. Wo höchste Aufmerksamkeit und Kritik gegenüber Zukunftsentwürfen angebracht ist, wird die Realität auf wenige Klischees reduziert. Unreflektierte Zustimmung folgt z. B. regelmäßig auf »Sozialisierung, Enteignung, Emanzipation, Leistungsverweigerung«, unreflektierter Spott und Hohn folgen z. B. auf »Gemeinsinn, Leistung, Anstand und Autorität«. Es ist häufig gar nicht mehr möglich, in der Nähe derartiger Klischees noch differenziert zu argumentieren: Hier entwickelt sich eine geradezu neurotische Simplifikation.

Daß dieser Trend zur Simplifikation bereits in das technische Denken eindringt, zeigte sich kürzlich bei einer Diskussion über die zukünftige Entwicklung des Straßenverkehrs. Da klagte einer die Industrie an, sie bemühe sich nicht um die Entwicklung umweltfreundlicher, elektrisch angetriebener Automobile und erhielt hierfür starken Beifall von den schätzungsweise 150 bis 200 Angehörigen der Technischen Hochschule. Als ich im Widerspruch hierzu feststellte, daß sich die Industrie mit großem Aufwand um die Entwicklung umweltfreundlicher, elektrischer Automobile bemühe, die Schwierigkeiten der Energiespeicherung bisher aber nicht überwunden werden konnten, da stieß ich auf eisige Ablehnung. Dies zeigt deutlich, daß auch schon in scheinbar rein technischen Diskussionen der Blick auf die Realität durch die politische Manipulation verstellt ist. Viele interessieren sich für Elektroautomobile, Umweltschutz usw. nur solange, als sie hieraus Argumente für den Klassenkampf gewinnen können.

Das (bewußte oder unbewußte) Klassenkampfdenken hat bei der Organisation unserer Universitäten schlimme Folgen.

R. Löwenthal schrieb hierzu:

»Werden ... öffentliche funktionale Einrichtungen, deren Zweck durch übergeordnete politische Organe gesetzt worden ist, im inneren Aufbau ›demokratisiert‹, so widerspricht dies sowohl dem Prinzip der demokratischen Verantwortung wie dem Leistungsprinzip: Ein Verwaltungsorgan oder ein Heer, dessen Angehörige ›demokratisch‹ über ihre Tätigkeit bestimmen, entzieht sich der effektiven Verantwortung gegenüber den demokratisch legitimierten Instanzen, als deren Instrument es geschaffen wurde, und damit der demokratischen Kontrolle der Gesamtgesellschaft, der es dienen sollte. Und es wird gleichzeitig in seiner Leistungsfähigkeit herabgemindert – unter Umständen bis auf den Nullpunkt[43].«

Ich teile durchaus die Auffassung, daß die alte »Ordinarienuniversität« reformiert werden mußte, aber das, was jetzt geschieht, mußte nicht geschehen.

Unsere Bildungspolitiker sollten nicht nur Reisen in die Sowjetunion machen, sondern auch von der dortigen Universitäts-Organisation lernen. Sie ist vor allem auf Effizienz in Lehre und Forschung ausgerichtet. Was sich gegenwärtig in unserem Lande abspielt, kann dort überhaupt nicht verständlich gemacht werden, es läuft dort als unverständliche Narretei.

Ich möchte meine Ansicht erneut ganz deutlich aussprechen: Die Universitätsreform hat sich daran zu orientieren, wie die vom arbeitenden Menschen gegebenen Mittel verwendet werden müssen, damit erfolgreich gelehrt und geforscht werden kann.

Man sollte sich klar machen, wieviel Arbeitszeit und Nervenkraft durch die gegenwärtige sogenannte »Universitätsreform« vertan wird in einer ineffizienten Organisation, grotesken Bürokratie, einem aufgeblähten Schriftwechsel, immer längeren Instanzenwegen und immer unklareren Kompetenzen. Wir befinden uns gegenwärtig in einer Kettenreaktion der Bürokratisierung, bei der jede neue Regelung den Zwang zu einer Vielzahl zusätzlicher Regelungen nach sich zieht.

Dabei kann man – bei genauer Kenntnis der Zusammenhänge – der Hoffnung keinesfalls zustimmen, die Entscheidungen würden hierdurch sachlicher und transparenter, ganz im Gegenteil. Die Undurchschaubarkeit der Organisation führt dazu, daß der an der Forschung und Lehre Interessierte immer mehr vom Profi, vom Universitätsmanager überspielt wird. Hier bietet sich – im Gegensatz zur alten Universität – eine billige Chance für Funktionäre ohne wissenschaftliche Qualifikation.

Die Vergiftung unserer Gesellschaft hat vor allem zwei Herde: die Universität und die Publizistik. (Selbstverständlich darf man hier nicht alles in einen Topf werfen: Weder sind hieran alle Universitäten noch alle Publikationsorgane beteiligt.)

Dies ist nicht zufällig, sondern hat einen verstehbaren Grund: Universitäten und Publikationsorgane sind teilweise weit von der Realität entfernt. Diese Diagnose wird beispielsweise durch die unterschiedliche Giftproduktion verschiedener Ressorts oder verschiedener Fakultäten verständlich. Relativ wenig Vergiftung geht meist von den realitätsnahen naturwissenschaftlichen, technischen oder wirtschaftlichen Fakultäten und Ressorts aus, viel dagegen von den praxisfernen Ressorts und Fakultäten.

Was die Produzenten der giftigen Informationen meist verbindet, ist, daß sie keine Verantwortung für irgend eine funktionierende Realität, z. B. einen Betrieb, ein Institut, ein Amt usw. tragen, daß sie publikumswirksame Attitüden ohne praktische Rücksichten einnehmen können, daß sie nicht mit unzureichenden Mitteln viele widersprüchliche Forderungen gleichzeitig erfüllen müssen, daß sie keine Kompromisse suchen müssen, kurzum, daß sie im Raum der Worte ohne Realitätsbezug leben und alle Möglichkeiten ausschöpfen können, welche die Grammatik der deutschen Sprache bietet.

So entwickelt das Kartell der Unverantwortlichen Denk- und Propagandamethoden, die den Unerfahrenen, besonders den jungen Menschen faszinieren: Hier wird ihm der Nürnberger Trichter des 20. Jahrhunderts geboten, hier muß er nicht mehr den mühsamen Weg gehen, zunächst einmal die Sachverhalte zu verstehen, hier ist alles ganz klar und simpel. So entsteht schließlich eine Art verbaler Volltrunkenheit, in der Unmündige Endgültiges über den Gang der Geschichte verkünden und allenfalls noch ungelöste Welträtsel mit der linken Hand lösen.

So schwätzen und schreiben Heerscharen von Mitläufern, wie ihnen eingegeben wird, so heulen Professoren, die eigentlich Verstand und Vernunft mehren müßten, mit den Wölfen und gehen den Holzweg des geringsten Widerstandes, und so glauben Politiker, 2 mal 2 sei 5 und reaktionär, wer dies nicht glaubt.

Irre und Tollhäuser gab es schon früher, aber neu in unserer Zeit ist, daß der Irrsinn akademisch geweiht wird und die Tollheit über unzählige Kanäle in Millionen Köpfe fließt.

Ich wünsche diesem Kartell der Unverantwortlichen etwas Höllisches: Sie sollten einmal in einem Staat leben müssen, der ganz und gar nach ihren eigenen Ideen organisiert ist und in dem kein Experte und kein Establishment einen Rest von Vernunft erhält.

Zur Realitätsferne, welche die »radikalen« Denker und Schwätzer verbindet, kommt noch ein anderer Sachverhalt. Berichtenswert ist immer das Ungewöhnliche. Beißt ein Hund einen Mann, dann ist dies nicht berichtenswert, wohl aber, wenn ein Mann einen Hund beißt. Nun ist aber die Realität meist gar nicht sensationell, und ihre Grundsätze sind gar nicht faszinierend. Wenn sich z. B. verantwortliche Menschen versammeln, um über ein wichtiges Thema ernsthaft zu diskutieren, dann ist dies weniger berichtenswert, als wenn eine Handvoll Rowdies mit Megaphonen die Versammlung sprengt. Hierüber wird dann berichtet, nicht aber über das Schwarzbrot verantwortlicher Auseinandersetzungen. Die Lust am Skandal bringt den publizistischen Profit, nicht der banale Ernst.

Hierzu schrieb E. Benda:

»Da das Fernsehen jedem Staatsbürger die Illusion vermittelt, er sei Augenzeuge von Ereignissen wie der Festnahme von Baader in Frankfurt, so wie er zuvor scheinbar mit eigenen Augen die Folgen einer Serie von Bombenanschlägen sehen konnte, vergrößern und vergröbern sich mit den optischen Eindrücken auch die Reaktionen. Die detonierte Bombe demoliert immer auch ein Stück des Vertrauens in die Fähigkeit des Rechtsstaates, Ordnung und Sicherheit zu gewährleisten, und die erfolgreiche Jagd nach den Tätern gewinnt dieses Vertrauen zurück. Freilich wird hiermit die Autorität des Staates noch nicht beständig gefestigt. Das Hin und Her von Angriff und Abwehr scheint auch die These der Terroristen zu bestätigen, daß der bewaffnete Kampf erst begonnen habe. Der Zuschauer erlebt Momentaufnahmen einer ständigen Auseinandersetzung, und es scheint noch nicht ausgemacht, daß sich die Autorität des Rechts gegen die Gewaltakte einzelner durchsetzen wird[44].«

Es erscheint mir zweifelhaft, ob sich der Bewußtseinszustand unserer Publizistik mit dem Bewußtseinszustand unserer Gesellschaft deckt (beide als Verteilungen verstanden). Ich halte es hierbei für überheblich, wenn unterstellt wird, das Bewußtsein der Publizistik entspringe in jedem Fall einer intellektuellen Überlegenheit. Sehr häufig entspringt es eher einer Ignoranz der Praxis. Nicht alles, was zu den publizistischen Modeklischees nicht paßt, ist falsch oder dumm, häufig sind aber die

Klischees zum Verständnis der Realität unzureichend.

Bei den beiden ergiebigsten Herden der Vergiftung, der Publizistik und der Universität, besteht die übereinstimmende Tendenz, sich der demokratischen Kontrolle zu entziehen: bei den Universitäten mit dem Trick »Autonomie der Universität« (die einst zweifellos angebracht und verantwortbar war), bei der Publizistik mit dem Trick »innere Pressefreiheit« (die in einem wohlüberlegten Sinne angebracht und verantwortbar ist).

Hierzu schrieb H. Schoeck:

»Die Strategie der extremen Linken gegenüber den Presseorganen, den Verlagen, Redaktionen und der bisherigen Auslegung von Artikel 5 des Grundgesetzes gleicht der Strategie derselben Personen und Kreise gegenüber den Hochschulen ab Mitte der sechziger Jahre. Zeitungsverleger, Chefredakteure oder Intendanten von Rundfunkanstalten werden im öffentlichen Bewußtsein in dieselbe Position manövriert, in die man seinerzeit die Professoren gebracht hat. Mit denselben, juristisch unabgrenzbaren, unbestimmten Schlagworten wird die ›Demokratisierung‹ der Schlüsselstellungen der Massenmedien angestrebt, die in der Praxis dann die Machtergreifung durch ultralinke Gruppen erlaubt. Vielfach hat man die Garantien des Artikels 5 des Grundgesetzes für die Freiheit von Forschung und Lehre der Hochschulprofessoren so umzudeuten gewußt, daß einige Hochschulgesetze Ende der sechziger Jahre eben diese Freiheit und diesen Schutz den Hochschullehrern nahmen, um sie ultralinken studentischen Gruppen zuzuspielen. In den nächsten Jahren könnte über das trojanische Pferd ›innere Pressefreiheit‹ der systemverändernden Linken in den Massenmedien derselbe Erfolg beschieden sein[45].«

Die Giftmischer unserer Gesellschaft haben teilweise ehrenwerte Absichten. Aber sie benutzen Methoden, welche auch die besten Absichten unglaubwürdig machen.

Diese werden (meist unausgesprochen) damit begründet, daß man die gegenwärtigen Machtstrukturen nur mit den härtesten Werkzeugen aufbrechen könnte. Dieses Vorgehen enthüllt aber die ganze Infamie: Man kann mit Gift zwar Menschen töten, lähmen oder bewußtlos machen, man kann sie aber nicht zur bewußten Mitarbeit an der Lösung ihrer Probleme bringen. Auf die Vergiftung kann nur der Terror folgen, nicht die Demokratie.

Macht in einer demokratischen Gesellschaft setzt Glaubwürdigkeit voraus, nicht die Vergiftung.

Vom Selbstmordprogramm zur Überlebensstrategie

Wenn wir aktuellen Buchtiteln Glauben schenken, dann steht es schlecht um uns: *Das Selbstmordprogramm, Der entfesselte Fortschritt,* ja sogar *Im Würgegriff des Fortschritts, Apokalypse auf Raten, Nach uns die Steinzeit.* Man hat einen *Zukunftsschock* und ist vielleicht *Zu dumm für die Zukunft?*

Unsere Situation ist wirklich nicht harmlos. Aber gefährliche Situationen sollte man nicht durch Massenhysterie zusätzlich belasten, sondern nüchtern analysieren und nach einem erfolgversprechenden *Überlebensprogramm*[46] suchen. Wenig anders als einer, der vor einer lebensgefährlichen Bedrohung steht und nicht von Sinnen ist: Er beobachtet scharf, überdenkt seine Lage nüchtern und handelt dann entschlossen.

Die Geschichte zeigt, daß Veränderungen der Technik, vor allem Veränderungen der Produktionsformen auch Veränderungen im gesellschaftlichen, wirtschaftlichen und politischen Bereich erzwingen. Solange die technischen Veränderungen noch relativ langsam verliefen, war die Spannung zwischen den »eigentlich« geforderten Konsequenzen und der gesellschaftlichen, wirtschaftlichen und politischen Realität noch einigermaßen erträglich.

Durch die gegenwärtige Beschleunigung der technischen Entwicklung nimmt diese Spannung vielfach aber unerträgliche Ausmaße an, deren Folgen weder durchschaut noch kontrolliert sind. Beim Wettlauf zwischen der technischen Entwicklung und ihrer Kontrolle unterliegt regelmäßig die Kontrolle.

Man muß diese Entwicklung wohl in einem sehr weiten Rahmen sehen. Die Überlebenschancen der menschlichen Art liegen sicher nicht in physischem Vermögen, z. B. in körperlicher Kraft und Schnelligkeit, sondern in einer ganz anderen Fähigkeit: in der Intelligenz, also dem Vermögen, Zusammenhänge zwischen Ursache und Wirkung zu entdecken und sie zur Abwendung von Gefahren oder zum eigenen Vorteil auszunutzen. Dieses Vermögen realisierte sich als Naturwissenschaft und Technik. Als »Naturwissenschaft« bezeichnen wir den Gesamtbereich der dem Menschen bewußten Gesetzlichkeiten, vor allem der Außenwelt. Ist eine naturwissenschaftliche Theorie »richtig«, dann erlaubt sie es, den Verlauf angemessener Experimente im voraus regelmäßig zutreffend anzugeben.

Von »Technik« sprechen wir dann, wenn Mittel bewußt zur Erreichung eines Zieles benutzt werden. So werden beispielsweise bei der Sprechtechnik menschliche Organe zur Erzeugung akustischer Signale benutzt. Von Technik im engeren Sinne sprechen wir dann, wenn naturwissenschaftliche Erfahrungen zur Verwirklichung eines Zweckes, vor allem zur tatsächlichen oder vermeintlichen Verbesserung des menschlichen Lebens benutzt werden. Ist es die Absicht naturwissenschaftlicher Forschung, den Zusammenhang zwischen Ursache und Wirkung zu entdecken, so ist es die Absicht der Technik, eine bestimmte Wirkung dadurch herbeizuführen, daß die erforderlichen Ursachen herbeigeschafft werden.

Diese – etwas akademische – Überlegung soll vor allem dies ganz deutlich machen: Technik ist nicht Selbstzweck, vielmehr ein Mittel für den Zweck der menschlichen Existenz, und wo die Technik diesem Zweck nicht dient, da muß sie kontrolliert, verändert oder eingestellt werden.

Um hier simplifizierenden Mißdeutungen vorzubeugen: Angesichts der gegenwärtigen und zukünftigen Menschenmassen und ihren enormen Ansprüchen ist das Versprechen eines technikfreien Paradieses nicht ernstzunehmen. Wir werden in aller Zukunft *mit* der Technik leben müssen, ja mit noch viel mehr Technik als bisher. Vor allem ist es eine Selbsttäuschung, wenn die »nachindustrielle Gesellschaft« als »nachtechnische Gesellschaft« verstanden wird. Unser Problem ist es also nicht, uns über die Technik hinwegzutäuschen, sondern muß es sein, die konkreten Probleme zwischen Mensch und Technik zu lösen.

Durch die beschleunigte technische Entwicklung ergibt sich eine bemerkenswerte Veränderung, die (ähnlich Bild 1) durch den Vergleich aufeinanderfolgender Situationen auf der Erde illustriert werden soll:

– Die vormenschliche Entwicklung war ausschließlich durch den

Mechanismus bestimmt, den wir seit Darwin durchschauen, nämlich zufällige Mutationen und Überleben der Lebensfähigen.

- Mit dem Aufkommen der menschlichen Art trat zu diesem unbewußten Mechanismus die bewußte Veränderung: Der bewußt denkende Mensch spielt in seinem Kopf vor jeder verwirklichten Handlung Probehandlungen durch und verwirklicht nur solche Handlungen, die seinen Wünschen entsprechen.
- Neuerdings schließlich geht diese genuin menschliche Fähigkeit, Entscheidungen bewußt auszuwählen, infolge verschiedener Ursachen vielfach verloren. Hierunter spielt die beschleunigte technische Entwicklung eine große Rolle, dazu kommt die unübersehbare weltweite Interdependenz. Ihnen steht kein menschliches Bewußtsein gegenüber, das in der Lage wäre, die Zusammenhänge zu verstehen, geschweige denn zu kontrollieren. Die Entwicklung fällt teilweise in den vormenschlichen, unbewußten Mechanismus zurück.

Dieser Sachverhalt kann gegenwärtig an vielen Beispielen gezeigt werden, beispielsweise an der Umweltzerstörung. Am anschaulichsten ist aber wohl das Beispiel der Übervölkerung der Erde, ein Problem, das unmittelbar aus der technischen Entwicklung herauswuchs: Obwohl es beinahe allerseits unbestritten ist, daß das langfristige Überleben der menschlichen Art eine rasch wirksame Geburtenbeschränkung voraussetzt, diese technisch auch möglich wäre, gelingt es nicht, die Anzahl der auf der Erde lebenden Menschen in Grenzen zu halten. Das Problem wird wahrscheinlich schließlich ganz ohne menschliches Dazutun unbewußt gelöst, aber diese unbewußte Lösung wird grauenhaft sein. Die Menschen werden schließlich durch den produzierten Unrat, den Nahrungsmittelmangel oder durch die Unlösbarkeit ihrer sozialen Probleme dezimiert. Dies ist dann die unbewußte, gewissermaßen natürliche Lösung des Problems.

Mit dem Bekenntnis zu bewußten Lösungen unserer Probleme gerate ich ungewollt in eine unsympathische Nachbarschaft: Ich halte nichts von der Behauptung, irgend jemand hätte den Mechanismus der Geschichte durchschaut und könnte auf Grund hierdurch gewonnener Einsichten unsere Probleme lösen. Derartige Ansprüche weise ich mit Entschiedenheit zurück. Ein derartiger Mechanismus wurde bisher noch nirgends entdeckt, und wo solche behauptet werden, sollten wir sehr skeptisch sein.

Die einzigen Gesetze, von denen wir annehmen können, daß sie auch in Zukunft gelten werden, sind naturwissenschaftliche Gesetze. Wenngleich diese zweifellos noch vermehrt, modifiziert und verfeinert werden dürften, ist doch sicher, daß unser gegenwärtiger Besitz an naturwissenschaftlichen Erfahrungen auch in Zukunft – mindestens als Näherung – gelten wird.

Ferner möchte ich ganz deutlich sagen: Für die meisten unserer Probleme, zum Beispiel Friede nach innen und außen, Chancengleichheit, Bildungsreform, Gesundheitswesen, Stadtsanierung, Umweltschutz, gibt es nirgends voll befriedigende Entwürfe, wir müssen sie gemeinsam mit Sachverstand und menschlicher Solidarität suchen. Seien wir auf der Hut vor den schrecklichen Simplifikateuren, die für alle diese Probleme fertige Lösungen in der Tasche haben.

Es gibt viele Bereiche, in denen das Mittel, also die Technik, mit ihrem Zweck, also der menschlichen Existenz, kollidiert: Verkehr, Automatisierung, Massenkommunikation, Welternährung, Unwirtlichkeit unserer Städte usw. Zwei besonders wichtige Kollisionen seien ausführlicher diskutiert: die Umweltzerstörung und die Entfremdung des Menschen von seiner Arbeit.

Die Umweltzerstörung hat viele verschiedene Komponenten, so vor allem die Verschmutzung von Luft und Wasser, die wachsenden Müllhalden usw. Die meisten dieser Teilprobleme können auf das Ungleichgewicht des Materialflusses in der industrialisierten Welt zurückgeführt werden.

Bild 11 zeigt den natürlichen Materialfluß, so wie er sich einst beispielsweise auf dem Bauernhof einstellte. Der Bauer entzog dem Boden bestimmte Stoffe, vor allem durch den Pflanzenanbau. Diese Stoffe dienten der menschlichen Ernährung entweder direkt oder nach Verarbeitung durch Tiere. Die Abfälle führte er wieder dem Boden zu. So entstand ein geschlossener Materialkreislauf, der räumlich und zeitlich übersehbar war und zu keiner Zerstörung des materiellen Gleichgewichts führte.

Bild 12 zeigt den ganz anderen Materialkreislauf in der industrialisierten Welt: Der vorgefundenen Umwelt (Boden, Gewässer und Luft) werden viele Stoffe entzogen, z. B. durch Ackerbau, Bergbau oder sonstige Gewinnungsmethoden. Diese Stoffe gelangen meist nach irgendwelchen technischen Veränderungen zum Menschen, wo sie nicht nur zur Befriedigung der ursprünglichen Bedürfnisse (Ernährung, Bekleidung und Wohnen) dienen, sondern auch ganz neuen Bedürfnissen, wie z. B. der Fortbewegung oder Unterhaltung.

Nach Verwendung dieser Produkte entstehen Abfälle, die vorläufig noch unkontrolliert irgendwo deponiert werden und so das noch gänzlich ungelöste Problem der Umweltzerstörung erzeugen. In unserer Zeit entstand ein offener Materialfluß, der das materielle Gleichgewicht zerstört. Es gibt keinen Zweifel daran, daß dieses Ungleichgewicht nicht unbegrenzte Zeit bestehen kann, ohne daß unsere Erde so verändert wird, daß die menschliche Existenz immer unerträglicher wird.

Wenn die Erde wieder ins materielle Gleichgewicht kommen soll, dann müssen wir auch wieder einen geschlossenen Materialkreislauf herstellen. Einen Entwurf hierzu zeigt Bild 13. Hier ist vorgesehen, daß die Möglichkeiten der Technik nicht nur zur Produktion genutzt werden, sondern auch zum Abbau der entstandenen Abfälle (»Antiproduktion«). Die Abfälle sollen hier nicht mehr unkontrolliert irgendwohin deponiert, sondern in einem möglichst kleinen Kreislauf wieder der Produktion zugeführt werden: Wiederverwendungskreislauf, »recycling«. Diese zukünftige Materialverwendung muß zwei Vorgänge vermeiden: einerseits die Entnahme unersetzlicher Stoffe aus der natürlichen Umwelt und andererseits die Deponierung nicht abbaufähiger Abfälle (wie z. B. Glas, Plastik, DDT) in der Umwelt.

Mit Bild 13 wird ein langfristiges Programm entworfen. Vorläufig sind die Möglichkeiten der Wiederverwendung, beispielsweise der Schrottverwendung, noch sehr bescheiden. Aber wenn wir einem gewaltsamen Ende der menschlichen Art vorbeugen wollen, dann ist die Herstellung des materiellen Gleichgewichts, des geschlossenen Kreislaufs, unvermeidbar.

Schon jetzt kann aber einiges geschehen, um die Folgen des materiellen Ungleichgewichts möglichst klein zu halten und die Zeit zur Herstellung des Gleichgewichts zu vergrößern: so vor allem die bewußte Einschränkung des Verbrauchs. Sicher sind aber alle Maßnahmen zur Umwelterhaltung wirkungslos, wenn es uns nicht gelingt, das Bevölkerungswachstum zu beenden.

Unsere Welt wird aber nicht nur materiell, sondern auch informationell verschmutzt. Man spricht auch von »information pollution«, informationeller Vergiftung (siehe Seite 89f.).

Die Umweltzerstörung signalisiert die Kollision der technischen Entwicklung mit den Bedingungen der menschlichen Existenz im physischen Bereich, die Entfremdung signalisiert die Kollision im psychischen Bereich.

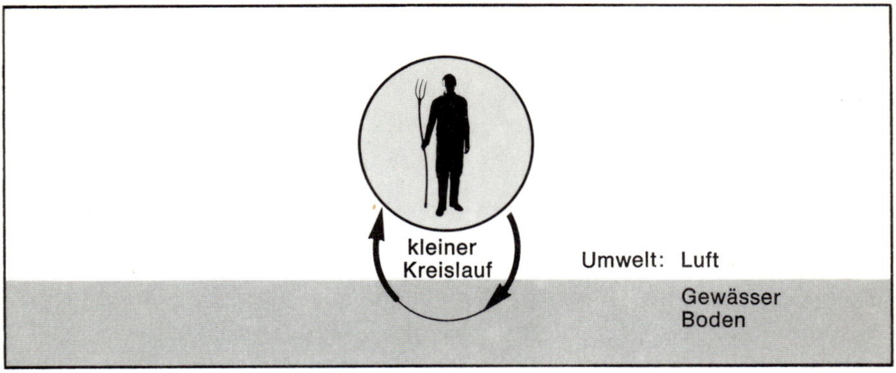

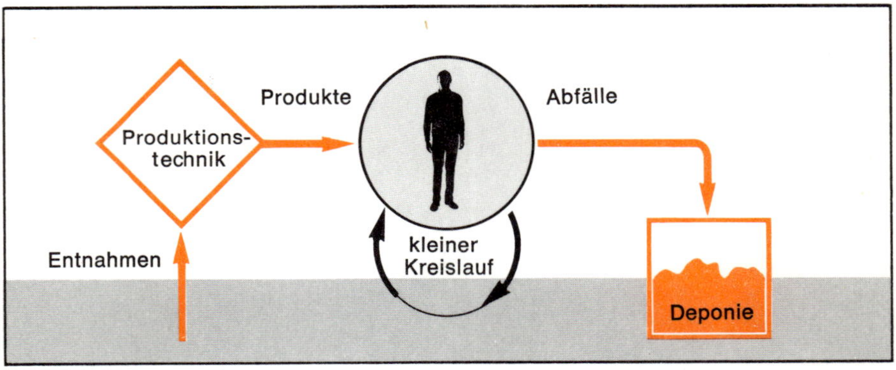

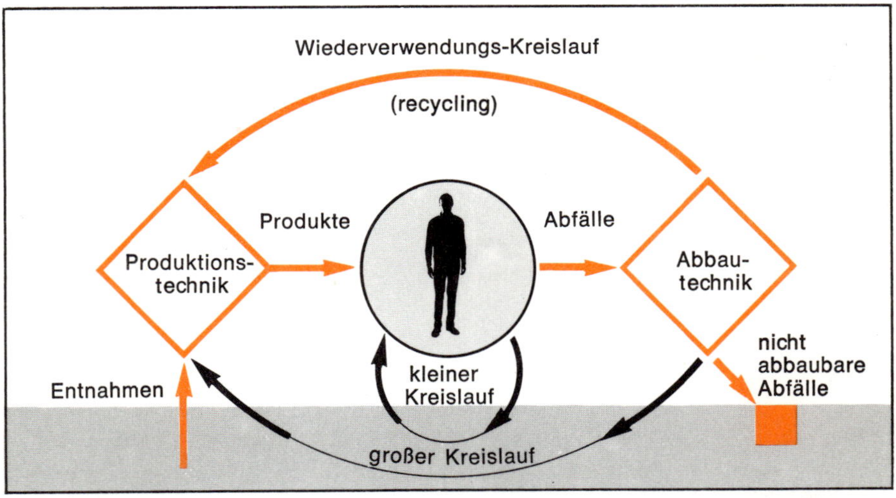

11. Der natürliche, geschlossene Materialkreislauf z. B. eines Bauernhofes.
12. Der offene Materialkreislauf in der gegenwärtigen industrialisierten Welt.
13. Der erhoffte abgeschlossene Materialkreislauf in der zukünftigen industrialisierten Welt.

Als Folge der technischen Entwicklung kann der Mensch in der Gegenwart zwar bei geringeren Anstrengungen mehr konsumieren als in der Vergangenheit, aber er fühlt sich trotzdem nicht glücklich. Man vermutet beinahe Gegenläufigkeit von technischer Vervollkommnung und subjektivem Glück. Diese Gegenläufigkeit hat sicher viele Ursachen, eine davon ist das, was heutzutage häufig als »Entfremdung« bezeichnet wird.

Friedrich Schiller verglich in seiner Abhandlung »Über die ästhetische Erziehung des Menschen« im Jahre 1795 die moderne Gesellschaft mit einem kunstreichen Uhrwerk, das aus vielen leblosen Teilen zusammengestückelt ist:

»Ewig nur an ein einzelnes kleines Bruchstück des Ganzen gefesselt, bildet sich der Mensch selbst nur als Bruchstück aus; ewig nur das eintönige Geräusch des Rades, das er umtreibt im Ohre, entwickelt er nie die Harmonie seines Wesens, und anstatt die Menschheit in seiner Natur auszuprägen, wird er bloß zu einem Abdruck seines Geschäftes, seiner Wissenschaft.«

Wie soll der einzelne die Harmonie seiner Fähigkeiten ausbilden, wenn das Gemeinwesen »an dem einen seiner Bürger nur das Gedächtnis, an einem anderen den tabellarischen Verstand, an einem dritten nur die mechanischen Fähigkeiten ehrt ... So wird allmählich das einzelne konkrete Leben vertilgt, damit das Abstrakt des Ganzen sein dürftiges Dasein friste«.

Damit hat Schiller vorweggenommen, was ein halbes Jahrhundert später bei K. Marx eine so zentrale Rolle spielte. Im Kommunistischen Manifest findet sich:

»Die Arbeit der Proletarier hat durch die Ausdehnung der Maschinerie und die Teilung der Arbeit allen selbständigen Charakter und damit allen Reiz für den Arbeiter verloren. Er wird ein bloßes Zubehör der Maschine, von dem nur der einfachste, eintönigste, am leichtesten erlernbare Handgriff verlangt wird.«

Marx kommt zum Schluß:

»Je mehr der Arbeiter Werte schafft, um so wertloser wird er, je geformter sein Produkt wird, um so mißförmiger wird der Arbeiter.«

Diese Kritik ist heute so aktuell wie im 18. und 19. Jahrhundert. Alle gegenwärtigen Produktionsformen – ob im Westen oder im Osten – sind gekennzeichnet durch diese Entfremdung. Aber noch nirgends wurde eine wirksame Therapie gefunden. Der Arbeiter am Fließband ist im

»sozialistischen« Osten so entfremdet wie sein Kollege im »kapitalistischen« Westen.

Ich maße mir nicht an, eine totale Therapie zu kennen, aber ich halte eine Milderung der unerfreulichen Folgen der Entfremdung immerhin für möglich: durch Ausnutzung psychologischer Erfahrungen bei der Arbeitsorganisation, durch Verkürzung der Arbeitszeit, durch Aufklärung der Arbeitnehmer über den Arbeitsprozeß, durch betriebliches Vorschlagswesen, durch betriebliche Mitbestimmung usw.

Jede erfolgreiche Therapie der Entfremdung muß darauf abzielen, daß sich der arbeitende Mensch mit seiner Arbeit identifiziert, daß er den Produktionsprozeß innerlich bejaht, möglichst sogar versteht. Wer seine Arbeit mit Freude tut, für den gibt es keine Entfremdung, keinen Leistungsdruck, keine Interessenkollisionen mit der Organisation.

Auf jeden Fall sollte die Kritik an den unerfreulichen Folgen der gegenwärtigen arbeitsteiligen Produktion ernst genommen werden, sie ist eines der wirksamsten Argumente der Zerstörer unseres politischen Systems. Die Öffentlichkeit merkt kaum, daß die Revolutionäre keine Alternative anzubieten haben. Die Therapie braucht aber mehr als Anklage.

Bei H. Marcuse und J. Habermas spielt folgende These eine große Rolle[47]:

»Nicht erst ihre Verwendung, sondern schon die Technik ist Herrschaft (über die Natur und über den Menschen), methodische, wissenschaftliche, berechnete und berechnende Herrschaft ... Herrschaft ist nur noch bedingt durch die Fähigkeit und das Interesse, den Apparat als Ganzes zu erhalten und zu erweitern.«

Diese Kritik trifft zwar einen Aspekt »der Technik«, aber doch nur einen. Bei oberflächlicher Betrachtung erzeugt sie die Vermutung, man könnte durch Beseitigung »der Technik« etwas an unserer Situation bessern. Ist dies aber so? Wäre durch Beseitigung des technischen Wissens, der technischen Organisationen, der technischen Produktionseinrichtungen usw. irgend etwas gewonnen, das diese Erwartung rechtfertigt?

Sicher nicht! Durch einen totalen Kahlschlag der Technik wären Herrschaftsverhältnisse nicht beseitigt, sie wären nur ersetzt durch viel plumpere: Auch im Urwald leben die Menschen nicht herrschaftsfrei, und auch diese Herrschaftsverhältnisse sind bestimmt durch das ständige Interesse, sich selbst zu erhalten.

Aber noch viel gravierender wäre eine andere Folge dieses Kahlschlags: Auf dieser Erde könnten nicht vier oder bald auch sieben Milliarden Menschen leben (recht und schlecht), sondern viel weniger, und diese unter ganz erbärmlichen Umständen: ohne Behausung, Verkehrsmittel und Kommunikation.

Ich halte dieses fortwährende weltfremde Genörgel über »die Technik« für irreführend. Es täuscht über die wirklichen Probleme hinweg und verhindert mögliche Lösungen unserer Probleme.

Diese Verzeichnung der Realität hat unerfreuliche Folgen: so vor allem die Ent-Solidarisierung von Sachverstand und Moral. Auf der einen Seite versammeln sich die Pharisäer, die nicht die geringste Vorstellung haben, wie man ihre Forderungen verwirklichen kann, und auf der anderen Seite die Leute mit Sachverstand, welche die überheblichen Vorwürfe nicht mehr hören mögen. Es ist einfach nicht wahr, daß Naturwissenschaftler und Techniker ihre moralischen Verpflichtungen weniger ernst nehmen als Leute, die sie dauernd auf der Zunge tragen. Meist hemmt nur die größere Einsicht in die Folgen der simplen Scheinlösungen unserer Probleme.

Unsere zeitgenössische Gesellschaftskritik – H. Marcuse und J. Habermas[48] hemmungslos interpretierend – hat einen Popanz aufgebaut, dem sie die Schuld für beinahe alle Mißstände dieser Erde aufbürdet: dem »Technokraten«, jenem Monstrum, das nicht fragt, welche Folgen sein Handeln für den Menschen und die Gesellschaft hat, das nur fragt, welcher Nutzen dabei herausspringt. Dieser Begriff mag für manche theoretischen Diskussionen nützlich sein, im Alltagssprachgebrauch wurde er vor allem ein Werkzeug der Denunziation.

Was hierbei möglich ist, zeigt ein Beitrag von C. Grossner in der »Zeit« vom 5. Juni 1970. Dort polemisiert er gegen die »Technokraten« und ihren Einfluß auf die Gesellschaft von morgen.

Wer aber die Aussagen der Kritisierten vornimmt[49], der findet dort Bekenntnisse, derer sich die angeblichen »Technokraten« gar nicht zu schämen brauchen:

Dennis Gabor sagte:

»Ich rede nicht von der Technik, wie sie sein wird, sondern wie sie sein sollte, denn ich bin tief davon überzeugt, daß es die Pflicht eines jeden denkenden Menschen ist, sein Bestes zu leisten, um die Menschheit nach dieser einmaligen stürmischen Epoche des exponentiellen, explosiven Anstieges in eine stabilere, reifere Kulturstufe zu steuern.«

P. Menke-Glückert sagte:

»... sollte es Hauptzweck aller Aussagen über die Zukunft sein, eine lebhafte Auseinandersetzung über die in der Zukunftsplanung verwendeten Zielvorstellungen auf höchster politischer Ebene auszulösen.«

Gerd Albers sagte:

»... daß die Gesellschaft an der Aufgabe nicht vorbeikommt, Ziele oder zumindest Maßstäbe zu finden für ihre Entwicklung – daß sie Prioritäten in der Verwendung der Mittel setzen muß, daß sie Vorstellungen darüber erarbeiten muß, wie denn eine menschenwürdige Umwelt heute und morgen aussehen könnte.«

Ich sagte:

»Der technische Fortschritt führt dazu, daß der Mensch mit einem außerordentlich kleinen persönlichen Einsatz enorme, möglicherweise irreversible Wirkungen auslösen kann.

Aber was will man denn, welche Wirkungen sollen denn erzielt werden, welches sind denn die Maßstäbe für technisches Handeln?

Bei der Beantwortung dieser für unsere zukünftige Existenz so wichtigen Frage ist der Techniker beinahe allein ... So leiden wir unter dem Mangel an Zielvorstellungen und einer Ethik technischen Handelns. Je mächtiger das Werkzeug Technik wird, desto unerträglicher wird die Ratlosigkeit, was mit diesem Werkzeug Technik getan werden soll.«

Aber alle diese Tatsachen interessieren C. Grossner nicht, für ihn ist ein Naturwissenschaftler oder Ingenieur ein »platter Positivist«. Punktum.

Für solche schrecklichen Simplifikateure sind die vielen Ingenieure und Naturwissenschaftler, die ihre Verantwortung erkennen und ernst nehmen, allen voran J. R. Oppenheimer und Andrej D. Sacharow, nur Störungen eines Klischees, das sie in tausend Varianten benutzen.

Hier seien auch noch einige historische Beispiele in Erinnerung gebracht:

Leonardo da Vinci – Maler, Architekt, Naturforscher und Ingenieur – entwarf schon vor beinahe 500 Jahren ein Unterseeboot, aber er vernichtete diese Zeichnungen mit dem Vermerk:

»Ich gebe dies nicht preis, weil die Natur des Menschen so böse ist.«

Einer der ersten, der Abhilfe gegen die Luftverschmutzung vorschlug, war der Physiker Sir Benjamin Rumford (1753 bis 1814). Von ihm wird berichtet:

»Die schwarze Wolke über London sah ich nie ohne den Wunsch, die enorme Menge von Kohle zu berechnen, aus welcher sie besteht. Ein derart überraschender Sachverhalt würde die Neugier und das Erstaunen aller Bewohner wecken und vielleicht auch ihren Sinn verändern[50].«

Rumford beklagt vor allem den feinen schwarzen Staub, der auf die Erde niederfällt und machte konkrete Vorschläge, wie er verringert werden könnte.

Besonders interessant ist ein Zitat des Karlsruher Professors E. Zschimmer, der im Jahre 1929 über den Sinn technischen Schaffens schrieb[51]:

»... die Zukunft der Großstädte: Eine Hölle von Benzindampf und Spektakel, ein Bergwerk des Verkehrs auf der Erde, unter der Erde, in der Luft, vollgedrängt von Automobilen ... Wir können heute – gerade weil wir Techniker sind – in diesem Chaos der entfesselten Mittel, der rauchenden Schlote, der verwüsteten Natur, der vom ›technischen Fortschritt‹ geplagten Menschheit, in diesem Massenunfug mißbrauchter, mißverstandener Schöpfungen des Erfindergeistes unmöglich den wahren und letzten Sinn unseres Schaffens erblicken. Es ist an der Zeit, daß wir uns allen Ernstes fragen: Leben wir denn in einer solcherart ›technisierten Welt‹, die man so gern das technische Zeitalter genannt hat, – leben wir denn schon in einem Zeitalter, das wir mit gutem Gewissen als eine Periode höchster Vollendung der Kultur durch die Technik preisen können?«

Vergleicht man diese weit zurückliegenden Forderungen mit der gleichzeitigen öffentlichen Gleichgültigkeit gegenüber diesen Problemen, so erkennt man die Unhaltbarkeit der durch das Klischee »Technokrat« verbreiteten Vorwurfsattitüde.

Zweifellos die größten Verdienste um die Aufklärung der Öffentlichkeit über den Umweltschutz hat die amerikanische Biologin Rachel Carson mit ihrem 1962 erschienenen Buch *Der stumme Frühling*, das so schließt:

»Die ›Herrschaft über die Natur‹ ist ein Schlagwort, das man in anmaßendem Hochmut geprägt hat. Es stammt aus der ›Neandertaler-Zeit‹ der Biologie und Philosophie, als man noch annahm, die Natur sei nur dazu da, dem Menschen zu dienen und ihm das Leben angenehm zu machen[52].«

Der »Verein Deutscher Ingenieure« (VDI) hat sich schon lange um die vorsorgliche Abwendung von Schäden durch die technische Entwicklung bemüht. Untersuchungen über Rauch- und Rußschädigungen finden sich hier schon im vorigen Jahrhundert, detaillierte Analysen von Umweltproblemen seit etwa den zwanziger Jahren dieses Jahrhunderts. Der VDI hat rund 100 Richtlinien verabschiedet, die Umweltfragen behandeln. Schließlich wurde 1972 vom VDI ein Aktionszentrum »Technik und Umwelt« gebildet.

Die »Technischen Überwachungsvereine« entstanden in der zweiten Hälfte des 19. Jahrhunderts zur Abwendung katastrophaler Folgen der technischen Entwicklung, vor allem der Folgen von Dampfkesselexplosionen.

Bei den damals herrschenden politischen Vorstellungen wäre eigentlich eine obrigkeitsstaatliche Organisation der Überwachung zu erwarten gewesen. Tatsächlich entstanden aber die Überwachungsvereine weitgehend auf Grund der Initiative von Ingenieuren und Fabrikanten.

»Der scheinbare Widerspruch löst sich jedoch auf, wenn man postuliert, daß eine fachgerechte Überwachung nur aus den Erfahrungen der sich entwickelnden Technik heraus möglich ist und eine von der Praxis mehr oder weniger ausgeschlossene Behörde überfordert ist[53].«

Als Motivation zur Verhütung der Katastrophen wird in erster Linie die Mentalität des damaligen frühkapitalistischen Systems angesehen, zu dem als humanitäre Rechtfertigung die Sorge um den arbeitenden Menschen hinzukommt.

Wenn aber in jener Zeit kein frühkapitalistisches, sondern ein kommunistisches Regime geherrscht hätte, dann wäre die Verhütung des Betriebsausfalls zweifellos in erster Linie durch die Notwendigkeit der Planerfüllung begründet worden.

Wer die heutige Wachstumseuphorie der kommunistischen Länder bedenkt, die der Wachstumseuphorie der kapitalistischen Länder nicht nachsteht, der erkennt hier übergeordnete Zwänge, die durch kapitalistische oder kommunistische Grundsätze kaum modifiziert werden.

Stellen wir uns vor, eine Automobilfirma produzierte ein Normalauto für 10000 DM, dazu zwei Sonderausführungen für jeweils 20000 DM: eines extrem schnell, aber so unsicher wie das Normalauto, das andere so langsam wie das Normalauto (oder langsamer), dafür aber sehr sicher. Beide Autos werden von der Herstellerfirma öffentlich angeboten. Welche der beiden Sonderausführungen würde wohl gekauft werden? Dies zu beantworten, braucht man weder Hellseher zu sein noch Befragungen anzustellen. Die schnelle Sonderausführung würde zweifellos viel besser verkauft werden als die sichere. Die Entscheidung gegen die langsame Sicherheit und für die gefährliche Schnelligkeit ist nicht das Ergebnis irgendwelcher Manipulationen, vielmehr die typische Entscheidung des zeitgenössischen Automobilkäufers. Ob man diese durch Aufklärung und Belehrung entscheidend verändern kann, ist zweifelhaft: Wer möchte schon zu den ängstlichen und nicht zu den sportlichen Fahrern gehören?

Hier sehen wir, daß die freie Entscheidung, gewissermaßen die Abstimmung durch Kauf des unmanipulierten Bürgers nicht immer zu Ergebnissen führt, die im gemeinsamen Interesse wünschenswert sind. Wenn wir das freie Spiel der Kräfte walten lassen, dann werden weder die Zahl der Toten und Verletzten auf den Straßen abnehmen noch die Sachschäden in Milliardenhöhe. Dieses Problem ist – wie viele ähnliche Probleme in unserer Zeit – nicht durch das freie Spiel der Kräfte zu regeln, sondern braucht die Einwirkung von Sachverstand und Kompetenz.

Eine ähnliche Kollision zwischen privaten Wünschen und übergeordneten Zwängen zeigt sich in der Energieversorgung. Wo immer leistungsfähige Energiegewinnungsanlagen, vor allem Atomkraftwerke, geplant oder gebaut werden, erhebt sich lautstarker Widerspruch: Was sollen diese Anlagen gerade hier, wo wir wohnen, mit all ihren unerfreulichen Nebenwirkungen, Verunreinigung von Luft und Wasser, Klimaveränderung und Gefährdung?

Dieselbe Bevölkerung erwartet aber stillschweigend, daß ihr enorme und ständig wachsende Mengen von Energie jederzeit zur Verfügung gestellt werden.

Was kann man hiergegen tun? Ich meine, wer Verantwortung empfindet, darf hier nicht Haß predigen, sondern muß aufklären: einerseits über die sachlichen Zusammenhänge und andererseits über die Unvermeidbarkeit mancher Einschränkungen.

Beim Wettlauf zwischen der technischen Entwicklung und ihrer Kontrolle (beispielsweise gesetzgeberischen Kontrolle) unterliegt regelmäßig die Kontrolle. Es ist hierbei müßig zu untersuchen, ob die Gesetzgebung nun zwei, fünf, zehn oder zwanzig Jahre hinter dem praktisch Notwendigen nachhinkt.

Ein typisches Beispiel berichtete J. Schmandt aus den USA[54]:

»Vor zwanzig Jahren veröffentlichte die dem Bundesgesundheitsamt entsprechende Behörde der amerikanischen Regierung einen Bericht über die Verschmutzung des Erie-Sees, eines der großen Seen im Norden des Landes. Herkunft, Umfang und Wirkungen der verschiedenen Verschmutzungsfaktoren wurden identifiziert, und Gegenmaßnahmen zur Eindämmung des Problems wurden erläutert. Die allgemeine Schlußfolgerung war, daß energische Schutzmaßnahmen ergriffen werden müßten, um das biologische Absterben des Sees zu verhindern. Der Bericht war wissenschaftlich zuverlässig und konnte als Grundlage der politischen Aktion dienen. Jedoch nichts geschah. Kein Ausschuß des Kongresses, kein Anliegerstaat, keine Zeitung, kein Verfechter von Verbraucherinteressen griff den Fall auf, um die Regierung zur Handlung anzuhalten. Heute ist die Verschmutzung des Erie-Sees so weit fortgeschritten, daß selbst aufwendigste Schutzmaßnahmen nicht mehr mit Sicherheit zum Erfolg führen werden.«

Es wäre sicher leicht, vergleichbare Beispiele aus der Bundesrepublik oder der EWG zu nennen.

Offensichtlich nimmt bisher unser politischer, industrieller und wirtschaftlicher Betrieb die Notwendigkeiten noch nicht zur Kenntnis, die ein Überleben der menschlichen Kultur setzt. Was wäre eine erfolgversprechende Überlebensstrategie?

1. Wir müssen Übereinstimmung über die langfristig angestrebten Zustände herbeiführen. Hierbei kann »wir« nicht national, sondern muß global verstanden werden. Angesichts der gegenwärtigen weltweiten Abhängigkeiten bis hin zur Umweltzerstörung und Waffenwirkung ist es kaum vorstellbar, daß eine Nation überlebt, wenn ihre Umgebung zugrundegeht.
2. Die zukünftige Entwicklung muß sorgfältig bedacht werden, um mögliche Gefahren zu vermeiden und mögliche Chancen zu nutzen. Vor allem muß die technische Entwicklung mit den besten Methoden prognostiziert werden (siehe S. 130).
3. Die Öffentlichkeit muß rechtzeitig und eingehend über die Probleme, Gefahren und Chancen unterrichtet werden, damit der Souverain demokratischer Staaten, der Wähler, sich mit guten Gründen entscheiden kann.
4. Die gesellschaftlichen, wirtschaftlichen und staatlichen Strukturen müssen fortwährend überprüft werden, ob sie der gegebenen Situation und Problemlage überhaupt entsprechen, oder ob die organisatorische Immobilität die notwendige Anpassung an die Forderung des Tages verhindert.

Im Spannungsfeld zwischen der technischen Veränderung und ihrer politischen Bewältigung spielt das eine große Rolle, was im amerikanischen Sprachgebrauch als »Technology Assessment« bezeichnet wird, also etwa »Beurteilung und Bewertung technischer Entwicklungen«. Die Bewertung betrifft hierbei weniger die Ökonomie, vielmehr die »Lebensqualität[55]«. Beispiele derartiger Assessments, die von der National Science Foundation in den USA besonders beachtet werden, sind:

1. Umweltverschmutzung
2. Erziehung und Bildung
3. Energie (Erzeugung, Verteilung)
4. Bevölkerung
5. Städte- und Wohnungsbau
6. Wirtschaftliche Entwicklung (Inland)
7. Gruppenkonflikte, rassische Entfremdung
8. Verbrechen und Vergehen
9. Naturvorkommen, Bodenschätze
10. Beförderungsmittel
11. Internationale Beziehungen

Bei der Analyse derartiger Assessments zeigt sich immer wieder, daß die intuitiven Lösungen falsch sind und oft ganz andere Wirkungen haben als vermutet wird.

Diese Erfahrung hat grundsätzliche Bedeutung: Das menschliche Bewußtsein ist häufig außerstande, die komplizierten Zusammenhänge des Systems Mensch-Technik zu durchschauen.

Dieser Trend wird in Zukunft sicher noch weitergehen. Die komplexe Technostruktur kann nur noch mit den besten Methoden der Systemanalyse und Computern beherrscht werden. Das menschliche Gehirn ist den Anforderungen eines Jägers oder Sammlers, eingeschränkt auch noch denen der industriellen Anfangszeit, gewachsen, ist aber heute vielfach überfordert (siehe Bild 1 und 2).

Um naheliegenden Mißverständnissen vorzubeugen: Die Führungsgröße der technischen Entwicklung kann die Systemanalyse oder der Computer nicht liefern. Die Ziele der technischen Entwicklung hängen von genuin menschlichen Vorgaben ab: von dem, was der Mensch für die Zukunft erhofft. Diese Klärung kann ihm niemand abnehmen.

Diese Entwicklung ist nicht in jeder Hinsicht erfreulich. Wer sie voraussieht, ist nicht für sie verantwortlich, ja es muß ihm sogar zugestanden werden, daß er diese Entwicklung innerlich bedauert. Es wäre aber unredlich, gegenwärtig für die Entwicklung der Industrieländer eine andere Prognose zu stellen.

Planung erzeugt fortwährend den Zwang zu neuer Planung, und so entsteht eine Kettenreaktion der Planung[56], die sich in immer mehr Abhängigkeiten, Unbequemlichkeiten und auch Pedanterie äußert. Eine teilweise Milderung dieser unerfreulichen Entwicklung könnte bewirkt werden durch

- Entfeinerung der Normen unseres Zusammenlebens, Rationalisierung der Gesetze und Verordnungen und
- Einsatz von Informationssystemen in der Verwaltung, um deren größere Kapazität zur Individualisierung der Entscheidungen auszunutzen.

Aber alle derartigen Überlegungen sind müßig, wenn keine Klarheit und wenigstens teilweise Übereinstimmung in den Zielen besteht und die Gesellschaft sich in vielfacher gegenseitiger Diffamierung um die Lösung unserer Probleme betrügt. Wir werden diese technischen Assessments sicher nie einer erträglichen Lösung zuführen, solange sich die verschiedenen Gruppen unserer Gesellschaft gegenseitig beschuldigen.

In unserer Zeit kann man fast jedes technische Ziel, das keinen logischen oder physikalischen Gesetzen widerspricht, mit angemessenem Aufwand auch verwirklichen. Aber was will man denn?

Präsident J. F. Kennedy setzte im Jahre 1961 das Ziel, noch in demselben Jahrzehnt solle ein Amerikaner den Mond betreten. So geschah es ja dann auch. Aber hier setzen Zweifel an: Ist es vernünftig, diese unvorstellbar großen Aufwendungen für die Raumfahrt zu betreiben, wo wir doch hier auf der Erde so viele ungelöste Probleme haben? Ich möchte diese Frage hier nicht diskutieren, sinnvolle Antworten sind schwerer zu begründen, als sie öffentlich vielfach begründet wurden, aber ich möchte doch die Notwendigkeit ernsthafter Auseinandersetzungen über die wünschbaren Ziele betonen.

Eines muß aber unmißverständlich gesagt werden: Man kann in unserer Zeit den technischen Fortschritt nicht mehr an der Erhöhung der Effizienz messen, dieses Verständnis des technischen Fortschritts beruht auf einer Bewertung, die einst möglich war, die aber die Bedingungen unserer Zeit gänzlich ignoriert.

Wenn man »Verbesserung der Effizienz« meint, dann soll man dies auch so nennen, und nicht »technischer Fortschritt« sagen und hierbei unterstellen, dieser »technische Fortschritt« würde unser aller Billigung finden. Das Problem unserer Zeit ist die Humanität, nicht die Effizienz.

Aber welches sind denn die übergeordneten Bewertungen, welche die technische Entwicklung bestimmen sollen? Welches Gewicht haben das Überleben, der Wohlstand, die Freiheit, die »Humanität« (und was ist dies überhaupt?)? Über diese Fragen, die doch eigentlich Voraussetzungen einer rationalen Politik sind, besteht mehr Unklarheit als Klarheit.

Eine Überlebensstrategie braucht aber notwendigerweise eine bewußte Definition der langfristigen Ziele, ähnlich dem, was G. Feinberg mit seinem »Projekt Prometheus[57]« entwickelte. Ohne bewußte Ziele werden wir wahrscheinlich auf dem Weg des geringsten Widerstandes in grauenhafte Zustände geraten.

Die Konstruktion dieser Ziele ist ein schwieriges Vorhaben. Hier müssen Absichten ausgesprochen werden, die man normalerweise (aus guten unguten Gründen) schamhaft verbirgt, man muß Irrtümer eingestehen und sich Inkonsequenz vorwerfen lassen. Ein schneller Erfolg ist hier sicher nicht zu erwarten.

Eine solche Konstruktion muß meines Erachtens von vier Grundsätzen ausgehen:

1. Sie muß menschengerecht sein, d. h., ihre Zielvorstellungen müssen ein menschenwürdiges Überleben langfristig ermöglichen. Dies ist angesichts unseres heutigen Wissens – sei es nun anthropologisches Wissen, seien es nun Einsichten der Zukunftsforschung – mehr als eine Leerformel.
2. Sie muß sachgerecht sein, d. h. ihre Aussagen müssen den Realitäten gerecht werden. Sie muß vor allem mit unserem Besitz an erfahrungswissenschaftlichem Wissen vereinbar sein.
3. Sie muß in einem historischen Prozeß praktikabel gemacht werden können. Die eigentliche Schwierigkeit liegt nicht in der Konstruktion, sondern in der Durchsetzung.
4. Sie darf sich nicht auf realisierte soziale Gegebenheiten beschränken, sondern muß neue Formen menschlichen Verhaltens und Zusammenlebens mit in Betracht ziehen. Hieraus erwächst die Notwendigkeit sozialer Experimente.

Das letzte Urteil über derartig konstruierte Ziele hat die geschichtliche Erfahrung: Nur dort, wo es gelingt, menschliches Leben in einem umfassenden, nicht nur physiologischen Sinne »besser« zu gestalten, ist ein Fortschritt gegeben.

Trotz der enormen Schwierigkeiten sollten wir nicht resignieren. In den aufgeklärten Köpfen aller politischen Richtungen setzt sich die Einsicht durch, daß eine Überlebensstrategie neue Methoden braucht.

Als weitsichtiger Vertreter der Industrie sei Hans L. Merkle[58] zitiert:

»Noch vor einem Jahrzehnt formulierte ich in der Öffentlichkeit: ›Das Ziel der Unternehmung ist der Ertrag‹ ... bin ich doch heute der Meinung, daß die unternehmerische Welt in ihrer derzeitigen Form ihrem Ende entgegengehen müßte, wenn nicht dem Unternehmer der Ausbruch gelänge aus dem engen Gehäuse seiner geschäftlichen Tätigkeit, wenn er sich nicht als aktives Element einer Lebenswelt zu betrachten lernt, die man als kulturell, religiös, politisch bezeichnen mag – einer Lebenswelt auf alle Fälle, die in moralische Kategorien hinübergreift, wobei sich wirtschaftliche Leistung von selbst versteht, deren fundamentale Notwendigkeit nur aus Kurzsichtigkeit oder aus gezielter Absicht in Zweifel gezogen werden könnte.«

Diese Äußerung markiert die eindeutige Abkehr von der Denkweise des fortgesetzt angeprangerten »Kapitalisten« oder »Technokraten«, sie zeigt, daß viele Verantwortliche unserer Wirtschaft *nicht* die eindimensionalen Flachköpfe sind, als die sie unsere zeitgenössische Gesellschaftskritik fortwährend denunziert, daß sie vielmehr die moralische Verpflichtung ernst nehmen.

E. Epplers[59] Diktion ist zwar anders, aber er meint ähnliches, wenn er davon spricht, daß im Ökonomischen der naive Fortschrittsmythos nicht mehr länger hochgehalten werden kann:

»Und es werden Progressive sein, die sich der Realität stellen, die sich fragen, was innerhalb der nun sichtbar werdenden Grenzen Fortschritt sei. Und sie werden gründliche Kurskorrekturen verlangen, nicht, weil sie behaupten, den Weg zur Glückseligkeit gefunden zu haben, sondern weil sie begriffen haben, daß Fortschreibung des Gewohnten nicht nur keine ideale, sondern gar keine Zukunft mehr gibt ... Wenn das Laissez-faire ökologisch zu teuer wird, bedeutet das noch nicht das Ende aller Marktwirtschaft. Wenn uns die Endlichkeit unserer gemeinsamen Ressourcen voll zum Bewußtsein kommt, so folgt daraus noch nicht das Ende privaten Eigentums.«

Von der Futurologie zur Systemwissenschaft

»Wer seiner Zeit weit voraus ist, bleibt oft jahrelang außer Hörweite« – so wird Robert Jungk[60] unwidersprochen zitiert. Ich halte diese These – selbst dann, wenn sie sich tatsächlich durch nachweisbare kreative Leistungen begründen ließe – wegen ihrer Wirkungen auf andere für schädlich.

Einerseits werden manche glauben, brauchbare Aussagen über die Zukunft könnten ohne Sachkenntnis und systematische Analyse gemacht werden, einfach dadurch, daß man »seiner Zeit voraus« ist (Wer glaubt eigentlich nicht, »seiner Zeit voraus« zu sein?).

Andererseits aber – und dies ist viel schlimmer – empfindet ein solches von der Gegenwart entkoppeltes Bewußtsein keinen Zwang, moralischen Normen der Gegenwart zu folgen. So wird eine plausible Rechtfertigung der Verbrechen für die Welt von morgen vorbereitet. Hier gilt dann, »daß ihre pseudowissenschaftlichen Eskapaden in das Zukunftsland als wissenschaftlich, das heißt im Grunde auch als bürgerlich legitim erscheinen« (G. Siebers).

Hiermit soll keinesfalls Zukunftsforschung in Bausch und Bogen abgetan sein: Zukunftsforschung ist in unserer Zeit notwendig, aber sie muß intellektuellen und moralischen Mindestanforderungen genügen. Diese Notwendigkeit läßt sich durch zwei Überlegungen begründen:

- Einerseits werden die technischen, wirtschaftlichen und politischen Strukturen immer komplexer. Je komplexer aber eine Struktur ist, desto unwahrscheinlicher ist es, daß ein wünschenswerter Zustand ohne Theorie hergestellt werden kann.
- Andererseits ändern sich die äußeren Bedingungen unserer Existenz immer rascher, so z. B. durch technische Veränderungen oder durch

die zunehmenden weltweiten Abhängigkeiten: Neue Situationen setzen neue Problemlösungen voraus, tradierte Verhaltensmuster müssen vielfach neugefundenen weichen, Problemlösung tritt an die Stelle der Anpassung.

Für eine rationale Zukunftsforschung sind zwei Simplifikationen hinderlich: Die Simplifikation der Konservativen ist, es gäbe eigentlich keine neuen Probleme, alles wäre schon dagewesen, und all das Gerede über die Zukunft sei nur Wichtigmacherei.

Die Simplifikation der Progressiven ist, alle tradierten Problemlösungen seien falsch, und es lohne sich überhaupt nicht, darüber nachzudenken, warum es bisher so gemacht wurde, wie es gemacht wurde.

Eine sinnvolle Zukunftsforschung muß den Weg zwischen diesen beiden Simplifikationen hindurch suchen, eine ihrer wichtigsten Aufgaben ist die Sichtung der Verhaltensformen in solche, die noch, und solche, die nicht mehr vernünftig sind.

Aus den »pseudowissenschaftlichen Eskapaden« entstehen vor allem viele Publikationen der »Kassandra-Literatur«: *Apokalypse auf Raten, Der entfesselte Fortschritt, Der Zukunftsschock, Das Selbstmordprogramm, Nach uns die Steinzeit* usw. Zweifellos spielt hier vielfach die Sorge der Verfasser eine Rolle, aber unterschwellig empfindet man auch ihre Absicht, sich als Entdecker unerhörter Erkenntnisse aufzuspielen und Rezepte zu verkaufen.

Eine genauere Lektüre zeigt aber häufig ein peinliches Mißverhältnis zwischen der Härte der Forderungen (an andere!) und der Schwäche ihrer sachlichen Begründung. Nicht selten finden sich sogar Entwürfe, die den tatsächlichen Notwendigkeiten grob zuwiderlaufen, so z. B. A. Tofflers *Wegwerfgesellschaft.*

Der größte Schaden, den diese »Kassandra-Literatur« anrichtet, besteht darin, daß die Zukunftsforschung aus dem Verdacht wissenschaftlicher Unseriosität überhaupt nicht herauskommt: Wer über die Zukunft spricht, wird mit derartigem Geschreibe identifiziert.

Daß Zukunftsforschung überhaupt möglich ist, hat einen häufig übersehenen Grund: Es bleiben trotz aller unvorhersehbaren Veränderungen bestimmte Sachverhalte konstant. Hier ist vor allem an die nicht unbegrenzt veränderbare Natur des Menschen zu denken und an den Vorrat an Naturgesetzen, der vielleicht noch vergrößert und verfeinert, sicher aber nicht total falsifiziert wird.

G. Picht fordert »Mut zur Utopie«. Wir brauchen in der Tat Entwürfe, die ein menschenwürdiges Zusammenleben unter zukünftigen Bedingungen möglich machen, besser als mit den – mindestens teilweise – unbrauchbar gewordenen tradierten Strukturen. Die Realität *ist* veränderbar.

Aber zugleich müssen wir beachten, welche Freiheitsgrade bei solchen Entwürfen überhaupt bestehen und was sich auch in Zukunft nicht verändern läßt. Sonst gerät unser Denken leicht ins Fabulieren über ein Paradies auf Erden. Dazu kommt die Berufskrankheit der Utopisten:

»Die Überzeugung des Autors, selbst einen solchen Staat schaffen zu können (ja, mehr noch, zumindest auf dem Papier bereits geschaffen zu haben), führt meist zur Konstruktion eines charismatischen Führers und Staatsgründers, mit dem sich der Autor mehr oder minder identifiziert oder als dessen Prophet er sich fühlt[61].«

Die Utopie ist dem Gedankenexperiment der Naturwissenschaften ähnlich: Man stellt sich ein System möglichst konkret vor und überlegt, welche Eigenschaften sich unter den verschiedensten Voraussetzungen wohl ergeben werden. Die Utopie ist ein Vorläufer der neuerdings viel diskutierten Szenarien, durch welche bestimmte zukünftig denkbare Strukturen gedanklich dargestellt werden, ein legitimes Mittel der Systemanalyse.

In dem Buch *Die Grenzen des Wachstums*[62] wird das gegenwärtig wohl interessanteste Beispiel einer Systemanalyse der zukünftigen globalen Entwicklung beschrieben: die Arbeit des »Club of Rome«. Hier wird angestrebt, mit Hilfe eines »Weltmodells« die Wechselwirkungen von Erdbevölkerung, Rohstoffreserven, Umweltverschmutzung, Industrialisierung, Landwirtschaft usw. verständlich zu machen, um so ein sinnvolles Instrumentarium für zukünftige politische Entscheidungen vorzubereiten. Diese Arbeiten führen zur Definition einer »quality of life«, einer Lebensqualität. Der Zweck dieser Arbeit liegt darin, die Voraussetzungen dafür zu klären, daß langfristig auf dieser Erde Menschen ein Leben möglichst hoher Qualität führen können. Damit ist ein gigantischer Optimierungsprozeß beschrieben, der mit futurologischen Phantastereien wenig zu tun hat und der die Zusammenarbeit vieler Wissenschaftler voraussetzt: vom Mathematiker, der die Wirkstrukturen untersucht, über Naturwissenschaftler aller Richtungen bis hin zu Anthropologen, Psychologen und Moraltheoretikern, welche die Voraussetzungen eines Lebens hoher Qualität zu analysieren in der Lage sind.

Angesichts der vielen und schweren Probleme, die vor uns stehen, ist Zukunftsforschung und Zukunftsplanung an vielen Stellen dringend notwendig. Meine Ansichten hierzu möchte ich thesenhaft formulieren:

1. Zukunftsforschung soll bessere Entscheidungen ermöglichen.

Wenn die Zukunftsforschung nicht durch unerfüllbare Erwartungen belastet werden soll (so z. B., zukünftige Entwicklungen prophezeien zu können), dann muß sie sich auf Leistungen beschränken, die genügend wichtig, aber nicht unerfüllbar sind. Diese können unter dem Oberbegriff »Verbesserung der Entscheidungen« zusammengefaßt werden. Wer die zutreffendsten Vorstellungen von zukünftigen Entwicklungen hat, dem stehen die meisten Verhaltensalternativen offen, der kann die optimale Alternative auswählen.

Hierbei ist die Trennung zwischen der Erkundung der Realität und der Klärung von Wertsystemen besonders wichtig. Wo diese beiden Komponenten nicht unterschieden werden, entsteht eine Konfusion, bei der Wunschdenken und Unverständnis der Realität eine verhängnisvolle Verbindung eingehen. Man kann mit wissenschaftlichen Methoden zwar die Zuverlässigkeit von Prognosen verbessern, man kann mit ihnen aber nicht den Vorrang des einen Wertsystems vor einem anderen begründen. Wo diese Unterscheidung nicht beachtet wird, entstehen solche kurzlebigen szientifischen Mißgeburten wie die »Deutsche Physik« oder die »Russische Biologie«.

2. Zur Analyse des Ist-Zustandes ist die Zukunftsforschung auf Zusammenarbeit mit allen Erfahrungswissenschaften und auf die Benutzung der wirksamsten Methoden der Informationsverarbeitung angewiesen.

Durch die zunehmende Verflechtung der verschiedensten Bereiche werden »vernünftige« Lösungen der anstehenden Probleme immer schwieriger und überfordern das menschliche Gehirn. Hier müssen neue Formen der Zusammenarbeit zwischen verschiedenen Experten und auch zwischen Mensch und Computer organisiert werden.

Hierbei entsteht das semantische Problem: Wie können die Ergebnisse verschiedener Forschungsbereiche überhaupt verständlich ausgetauscht werden? Wie können sie computergerecht codiert werden? Dies ist im Hinblick auf die Humanwissenschaften besonders schwierig zu lösen.

3. Die Zukunftsforschung hat sich um die frühzeitige Entdeckung zukünftiger Probleme zu kümmern.

Die zukünftige Entwicklung erzeugt eine große Anzahl schwerwiegender Probleme: Ernährung, Entwicklungshilfe, Umweltzerstörung,

Verkehr, Stadtentwicklung, Automatisierung und ihre Folgen, Massenkommunikation, Konfliktregelung usw.

Manche Probleme können bei angemessener Aufmerksamkeit schon zu einem Zeitpunkt entdeckt werden, zu dem ihre Lösung noch relativ geringe Anstrengungen erfordert oder überhaupt noch möglich ist.

4. Die Zukunftsforschung muß die Gesetzmäßigkeiten und Wahrscheinlichkeiten von Veränderungen klären.

Auf die Vielfalt der Prognosemethoden sei kurz hingewiesen: Bei determinierten Systemen ermöglichen häufig spezielle Gesetze zuverlässige Prognosen, bei indeterminierten Systemen können häufig statistische Gesetzmäßigkeiten zur Prognose benutzt werden, manche Prognosen sind durch Analogieschlüsse oder beschreibende Modelle möglich usw.

Hierbei ist deutlich zwischen gesicherten Gesetzmäßigkeiten und ungesicherten Vorurteilen zu unterscheiden.

5. Die Zukunftsforschung muß die Klärung der Wertsysteme anstreben.

Wo die Zukunftsforschung sich nicht auf untergeordnete Probleme beschränkt, muß sie auf Klärung von Wertsystemen, Präferenzlisten oder Zielvorstellungen drängen. Hier überschreitet Zukunftsforschung den Bereich, welcher der Wissenschaft im engeren Sinne vorbehalten ist. Allerdings können die Erfahrungswissenschaften in unserer Zeit hierzu mehr beisteuern als früher. Schon die selbstverständliche Forderung, daß die menschliche Kultur nicht zerstört werden darf, führt direkt und indirekt auf eine ganze Reihe von Bewertungen. Das Bedürfnis des Menschen nach einer angemessenen Kulturhöhe ergänzt dieses. Verhaltensforschung und Experimentalpsychologie können weitere Kriterien liefern.

Die Auseinandersetzung über Bewertungssysteme ist deshalb schwierig, weil das Bewußtwerden indoktrinierter Werthaltungen schwierig ist. Diese Auseinandersetzung bedarf großer Nüchternheit (Ist z. B. Herrschaft durch Parteibuch besser als Herrschaft durch Besitz?) und muß die Beschränktheit und Intoleranz des »gesunden Volksempfindens« überwinden (Bist du für den Frieden?).

Die Auseinandersetzung um Wertsysteme ist zwangsläufig verwoben mit der Analyse der Realität, man muß beim Engagement für bestimmte Werte und Prioritäten sich bewußt sein, welche Konsequenzen sie haben.

6. Die Zukunftsforschung muß den Auswahlvorgang zwischen verschiedenen Verhaltensalternativen fördern.

Die entscheidende intellektuelle Leistung ist nicht die Produktion phantastischer Ideen, sondern die Selektion der brauchbaren.

Hierzu muß ein Höchstmaß an Kreativität entwickelt werden. Je wirksamer bekannte Verhaltensweisen überschritten und verbessert werden, desto effektiver wird die Zukunftsarbeit.

Dies setzt »Möglichkeitssinn« und Mut voraus. Sie werden häufig durch Kommunikation stimuliert: Brain Storming, kreative Klöster, kritische Akademien.

Die konkreten, kritisierbaren Utopien müssen in sich konsistent sein, sie müssen sich zu funktionalen Szenarien zusammenfügen lassen.

7. Die Zukunftsforschung muß praktisches Handeln gedanklich vorbereiten.

Objekt der Zukunftsforschung sind Veränderungen in technischen, sozialen, wirtschaftlichen und politischen Systemen. Gewollte Veränderungen solcher Systeme bestehen darin, daß sie von einem Zustand geringeren Wertes in einen Zustand höheren Wertes (oder zukünftig höheren Wertes) überführt werden. Die Überführung bedarf im Regelfall angemessener Machtmittel. Bei unterschiedlicher Sachbeurteilung oder unterschiedlicher Bewertungsfunktion verschiedener beteiligter Akteure entstehen Konfliktsituationen, in denen die verfügbaren Machtmittel darüber entscheiden, wessen Entwurf verwirklicht wird oder welche Kompromisse geschlossen werden.

Praktisches Handeln setzt demnach eine Klärung voraus, wie der produzierte gedankliche Entwurf verwirklicht werden kann, welche Voraussetzungen erfüllt werden müssen und welche Zeiträume gebraucht werden, eventuell auch, welche Bundesgenossen gesucht oder welche Kompromisse geschlossen werden müssen.

8. Zukunftsforschung muß fortwährend an der Realität gemessen werden.

Zukunftsforschung ist keine unverantwortliche Tagträumerei, sie muß fortwährend ihre früheren Prognosen und Entwürfe überprüfen und erforderlichenfalls ihre Methoden verändern. Sie muß sich der öffentlichen Kritik stellen und sich rechtfertigen: Hat sie zur besseren Lösung anstehender Probleme beigetragen?

Eine scheinbar selbstverständliche Voraussetzung jeder Zukunftsarbeit ist, daß sie mit großer Verantwortung betrieben wird. Man kann mit Zukunftsvisionen leicht Profit machen, aber man kann auch schwere Schuld auf sich laden.

So gilt es in unserem Lande als besonders progressiv, dieses politische System abzuschreiben, als ein Objekt einer nahe bevorstehenden und notwendigen Revolution zu markieren und sich nicht mit ihm zu identifizieren.

Ein Beispiel für die hier gemeinte bewußte Verantwortungslosigkeit zitiert E. Eucken-Erdsiek[63]:

»Denn ein präzises Programm würde nach Cohn-Bendit den Gegnern nur erlauben, sie an dem oder jenem Punkt zu ›packen‹ und ›lähmend auf die Demonstration wirken‹.«

Ganz im Gegensatz zu dieser strategischen Verantwortungslosigkeit muß eine verantwortungsbewußte Zukunftsplanung ein möglichst konkretes Programm (oder eine Vielzahl solcher) entwickeln und diese der öffentlichen Kritik uneigennützig anbieten.

In den letzten Jahren standen die Prognosen technischer Entwicklungen besonders im Brennpunkt des Interesses. Deren wichtigste sollen hier kurz charakterisiert werden. Hierbei muß man sich darüber im klaren sein: Keine dieser Methoden erzeugt sichere Voraussagen; das beste, was Prognosen leisten können, ist:

Klärung unübersichtlicher Zusammenhänge,
Strukturierung des Denkens,
Förderung interdisziplinärer Zusammenarbeit,
Anregung zu kreativem Denken und
Offenlegung von Annahmen und Vorurteilen.

Bei den Prognosemethoden ist vor allem auf folgende zu verweisen:

Intuitive Methoden,
beispielsweise die »Delphi-Methode« oder die Erstellung von Szenarien. Hierbei werden weniger bewußte Denkregeln benutzt, vielmehr der unbewußte Erfahrungsvorrat von Menschen, die als Fachleute gelten. Trotz der naiven Methodik sind die intuitiven Methoden für manche Zwecke durchaus nützlich.

Trendextrapolation,
bei welcher bisherige Verläufe in die Zukunft hinein verlängert werden, sei es linear oder durch Näherungen höherer Ordnung.

Modellhafte Abbildung,
sei es nun im Sinne eines theoretisch formulierten Modells, wie z. B. das »Weltmodell« des »Club of Rome«, sei es im Sinne einer historischen Analogie, Bild 14.

Analyse der Wechselwirkungen,
beispielsweise durch die »Cross-Impact-Matrix« (bei welcher die gegenseitige Einwirkung verschiedener Trends analysiert wird), oder sei es durch die »Relevanzbaum-Methode« (durch welche ursächliche Abhängigkeiten dargestellt werden), Bild 15.

Morphologische Methode,
bei welcher die Komponenten zukünftiger technischer Lösungen funktional definiert, mögliche Realisierungen gesucht und diese dann systematisch kombiniert werden.

Es gibt noch zahlreiche andere Methoden, auf die hier nicht eingegangen werden soll; es ist auch häufig üblich, vorliegende Probleme mit verschiedenen Methoden gleichzeitig anzugehen, aber sicher ist dies: Keine dieser Methoden ermöglicht sichere Aussagen, sie liefern alle nur Hinweise, was mehr oder weniger wahrscheinlich ist.

Prognosen der technischen Entwicklung leiden vielfach darunter, daß die Prognostiker vom momentanen Stand naturwissenschaftlich-technischen Wissens ausgehen und nicht mit in Betracht ziehen können, was an neuen Entdeckungen oder Erfindungen unmittelbar vor der Tür steht. Diese unbefriedigende Situation illustriert sehr nett ein Beispiel aus dem Jahr 1871:

»Die Unmöglichkeit des Fliegens mit Hilfe der Dampfkraft hat Herr L. Kargl, Assistent der mechanisch-technischen Schule des Zürcher Polytechnikums, in einer fundierten Abhandlung nachgewiesen. Herr Kargl hat die mechanische Arbeit, die verschiedene Vogelarten beim Fliegen verbrauchen, aus deren Gewicht, der Flügelgröße und der Zahl der Flügelschläge angenähert errechnet. Er kommt zu dem Ergebnis, daß z. B. ein Adler pro 8,9 Kilogramm Gewicht eine Pferdestärke entwickelt, bei anderen Vogelarten ergeben sich ähnliche Zahlen. Nun wiegt eine gute Nichtcondensationsdampfmaschine allein schon das Fünffache dieses Wertes (je Pferdestärke), wozu das Gewicht der benötigten Menge Kohle und Wasser und schließlich der eigentliche Flugapparat hinzuzu-

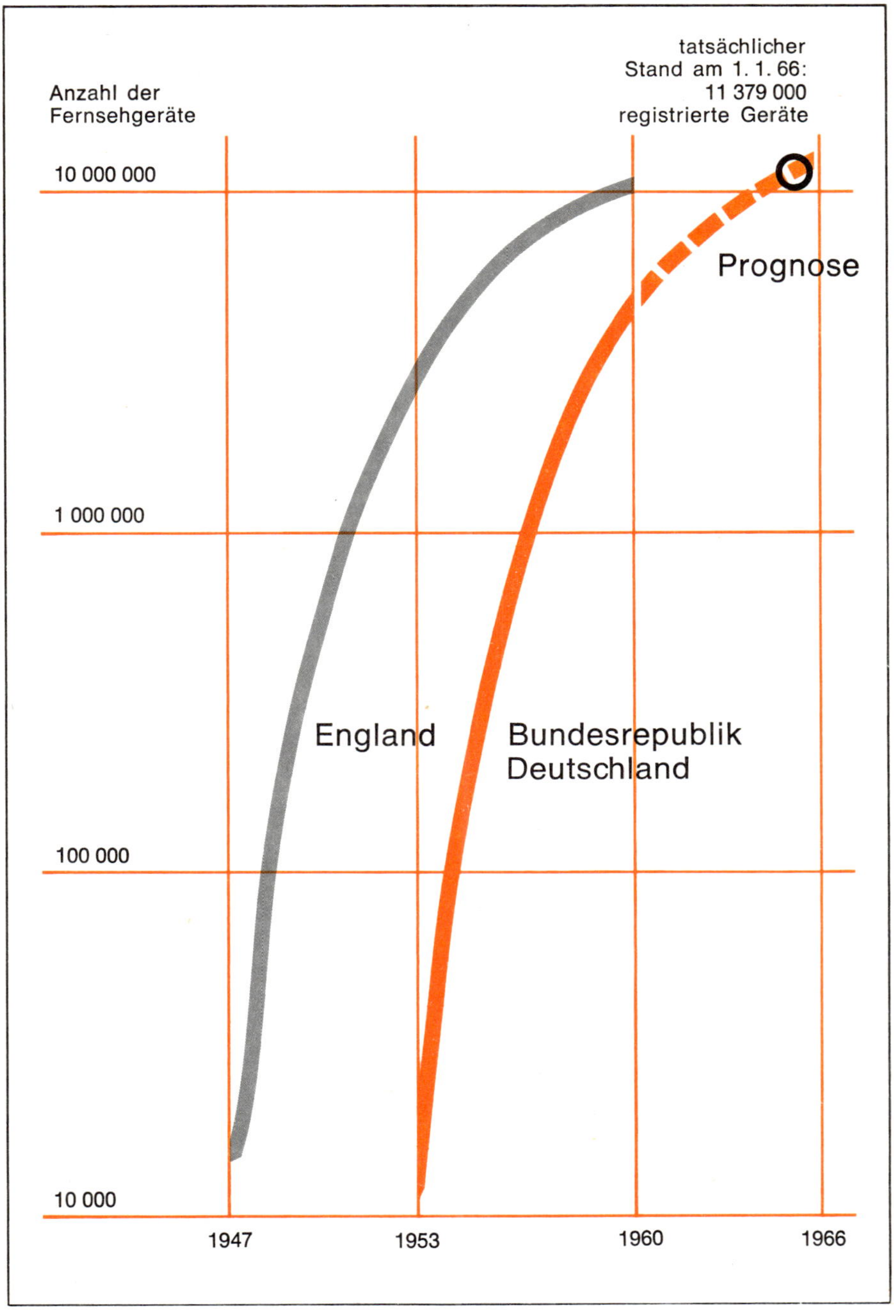

14. In einer Prognose der Firma Philips aus dem Jahre 1960 wurde die Anzahl der Fernsehgeräte in der Bundesrepublik Deutschland für den 1. Januar 1966 genauer als ein Prozent vorausgesagt.

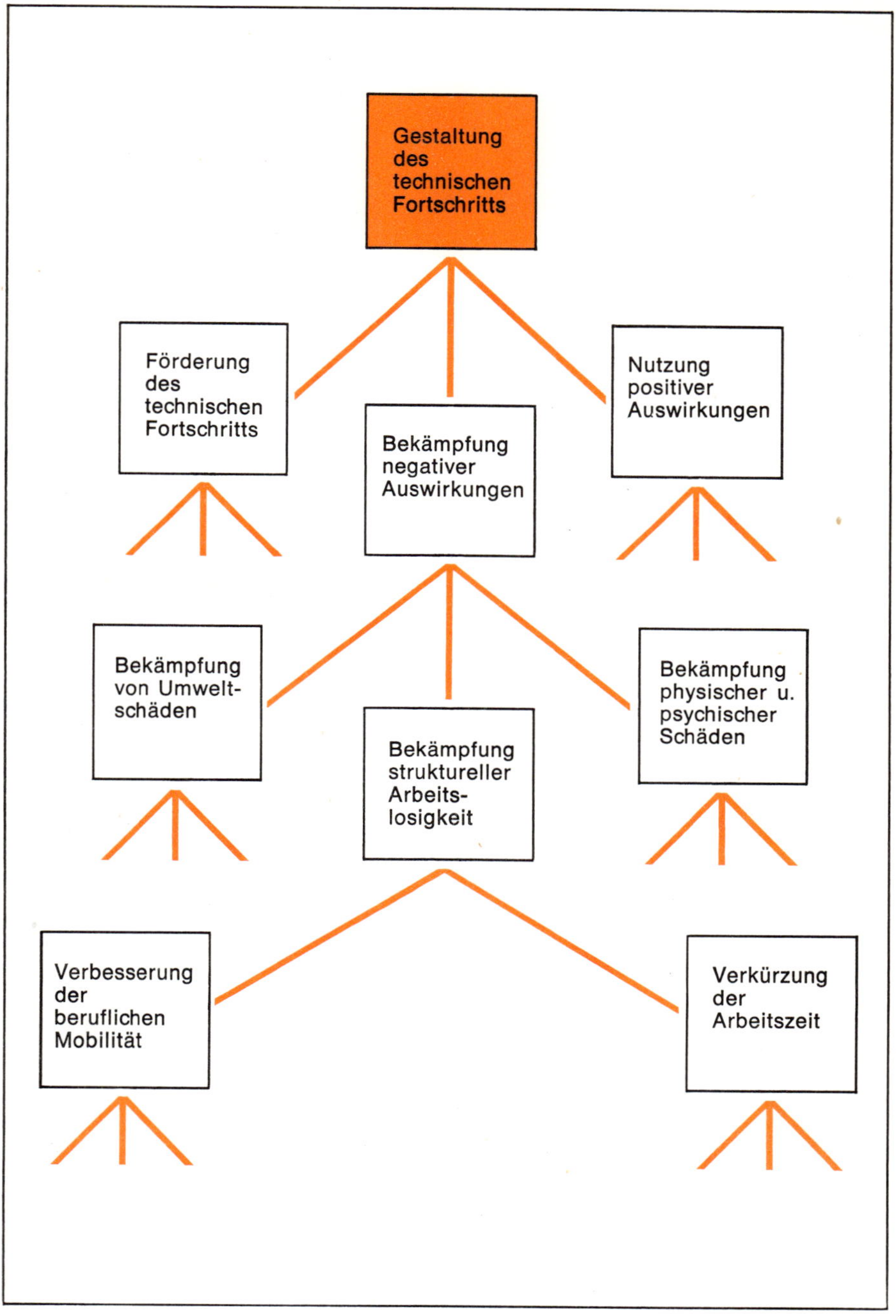

15. Ein einfaches Beispiel eines »Relevanz-Baums«: Hier werden die zur Gestaltung des technischen »Fortschritts« relevanten Einflußfaktoren zusammengestellt.

rechnen wäre. Dies alles bedacht, kommt Herr Kargl zu dem Schluß, daß, trotz der sich häufenden Versuche in den letzten Jahren, wenig oder keine Hoffnung vorhanden ist, mit den jetzigen Dampfmaschinen Flugapparate zu betreiben[64].«

Dieser Herr Kargl war so vorsichtig, festzustellen, daß seine Prognose auf die Verwendung der damaligen Dampfmaschine beschränkt ist. Andere sind oder waren nicht so nüchtern, deshalb finden sich in der Geschichte der Naturwissenschaft und Technik zahlreiche Unmöglichkeitspostulate, so z. B.

Organische Stoffe können nicht synthetisiert werden,
Pferdelose Wagen sind nicht realisierbar,
Flug mit Maschinen schwerer als Luft ist unmöglich,
Transatlantikflug ist unmöglich,
Interkontinentalraketen sind unmöglich,
Überwindung der Erdanziehung ist unmöglich usw.

Glaube niemand, solche Vorurteile seien Zeichen vergangener Zeiten. Wieviel Eloquenz wird beispielsweise heutzutage auf den Nachweis verwandt, daß Automaten dies oder jenes eben niemals leisten, z. B. niemals Zeichen erkennen oder niemals lernen könnten. Nur die Objekte der Vorurteile wandeln sich, unverändert bleiben aber die Vorurteile als solche.

Aber nicht jeder sprachlich formulierbare Entwurf hat einen Sinn. So kann man z. B. leicht eine Zahnbehandlung prognostizieren, bei welcher der Bohrer stillsteht und der Patient rotiert, aber man kann kaum sagen, was dies soll. Wenig anders R. Jungks Prognose[65]:

»Die Menschen der Zukunft werden hoch über der Erde leben, in Städten, die in der Luft verankert sind. Ein neuer Mensch, der Dädalusmensch, wird entstehen.«

Die kreative Leistung besteht nicht darin, verrückte Ideen zu produzieren (das können Computer besser), sondern sinnlose und sinnvolle Entwürfe zu unterscheiden. Dies setzt aber Sachverstand und Vernunft voraus.

Kurskorrektur

»Verehrte Bürger!

Unser Land verfügt über die reichsten Ressourcen in der ganzen Welt, es ist die zweitgrößte Industriemacht. Doch im Lebensstandard nimmt die UdSSR erst den 26. Platz ein, den letzten unter den hochentwickelten Ländern.

Unser Werktätiger kann für seinen Lohn sieben- bis zwölfmal weniger kaufen als der amerikanische, der englische, der westdeutsche. Unserem Werktätigen steht durchschnittlich zwei- bis fünfmal weniger Wohnfläche zur Verfügung als den Werktätigen in jenen Ländern. Bei den Amerikanern haben 80 Prozent der Familien ein Auto, in der UdSSR weniger als 0,1 Prozent.

Verglichen mit den westlichen, sind die Renten, das Krankengeld und die Invalidenversorgung in der UdSSR unbedeutend. Der westliche Arbeitslose kann für seine Unterstützung zwei- bis viermal mehr Waren kaufen als unser Arbeiter oder Angestellter für seinen Lohn. Nur wenige wissen, daß in unserem Lande die erdrückende Mehrzahl der Waren zwei- bis viermal teurer verkauft wird, als der Staat für ihre Herstellung und den Verkauf aufwendet.«

Diese Klage (aus einem Flugblatt, das im »Spiegel« vom 21. August 1972 publiziert wurde) deckt sich mit der unmittelbaren Wahrnehmung an Ort und Stelle.

Mindestens 90 Prozent, wahrscheinlich sogar 98 Prozent der Menschen unseres Landes würden die in der Sowjetunion typische materielle Lebensqualität ablehnen. Nur wenige privilegierte Funktionäre genießen dort eine Lebensqualität, die der hier üblichen vergleichbar ist.

Beinahe unglaubwürdig – aber für unsere folgenden Überlegungen bedeutungsvoll – ist der Stolz der Menschen in der Sowjetunion auf ihre Armseligkeit.

Dieser Gegensatz zwischen der realen Armseligkeit und ihrer idealisierten Verklärung ist unschwer zu erklären:

1. Die Menschen dort sind von der Realität anderer Länder abgeschirmt, sie erfahren fast nur das, was zugelassen wird.
2. Der Vergleich mit den Zuständen vor der Revolution beweist erstaunliche Fortschritte. Daß diese überwiegend durch das niedrige Startniveau begründet sind, wissen die Menschen dort nicht.
3. Die Prinzipien des Zusammenlebens, Werte, Ziele und Denkmodelle sind formuliert und werden lebenslang eingehämmert, Abweichungen unterdrückt.
4. Die Furcht vor angeblichen gemeinsamen Feinden, den »Imperialisten« wird fortwährend erzeugt. Gegen sie muß man sich gemeinsam abgrenzen und wehren.
5. Durch die fortwährende Darstellung gemeinsamer Erfolge (z. B. im »Großen Vaterländischen Krieg«, in der Raumfahrt, im Sport) wird die Armseligkeit des täglichen Lebens überspielt.
6. Schließlich werden der sowjetischen Gesellschaft glänzende Zukunftsperspektiven vorgestellt. Es ist ja angeblich nur noch eine Frage kurzer Zeit, bis alle Völker zum »Friedenslager« gehören und dann das Paradies auf Erden verwirklicht wird.

Tatsache ist, daß trotz der geringen materiellen Lebensqualität sich die Menschen in der Sowjetunion überwiegend mit ihrem politischen System identifizieren.

Verglichen mit dem Westen zeigt sich ein doppelter Gegensatz: Wir haben einen hohen materiellen Lebensstandard, aber unsere Menschen identifizieren sich wenig mit unserem politischen System. Für einen großen Teil unserer Jugend und viele Meinungsmacher ist die Gegenidentifikation typisch. Man meint, unser politisches System sei schlecht und müßte überwunden oder zerstört werden.

Dies gilt nicht nur für die Bundesrepublik Deutschland. Zwar wächst Europa als Einheit, aber der Kitt ist überwiegend wirtschaftliche Zweckmäßigkeit. Während die Politiker in Brüssel um Agrarpreise, Fischereirechte und Handelsspannen verhandeln, wird vielfach die Zerstörung der wirtschaftlichen Strukturen vorbereitet.

Diese Gegenidentifikation wird Folgen im politischen Verhalten haben. Hoffentlich gerät unser politisches System in keine innen- oder außenpolitische Krise. Ich fürchte, daß es dann wenige zuverlässige Verteidiger haben und schnell zusammenbrechen wird.

Vor allem führt diese Gegenidentifikation zur Selbstvergiftung und zur Unfähigkeit unserer Gesellschaft, ihre eigenen Probleme lösen zu können.

Die für »sozialistische« Staaten typische starke Identifikation mit dem politischen System und die für westliche Staaten typische schwache Identifikation, häufig sogar Gegenidentifikation, hat viel Folgen, z. B.

- Die dort höhere Leistungsbereitschaft in Produktion, Schule und Universität.
- Die dort größere Bescheidenheit und Disziplin im Zusammenleben, von der Warenzuteilung bis zum Straßenverkehr.
- Die erstaunlichen sportlichen Erfolge: Man will seinen Beitrag zu den Erfolgen des Systems leisten. (»Uns fehlt der Schwung einer verschworenen Gemeinschaft« sagte J. Neckermann.)
- Eine zweifellos höhere Kampfkraft der Armee: Die Identifikation mit dem System wird auch gefährliche Situationen überdauern.
- Sollte es eine friedliche Wiedervereinigung unseres Landes geben, dann wird wahrscheinlich die zahlenmäßig vorwiegende Sympathie zu unserem politischen System überspielt durch die Überlegenheit der erfahrenen Agitprop-Kader.

In der Sprache der Werbung ist das sowjetische System eine schlechte »Ware«, die hervorragend verkauft wird, während wir eine ausgezeichnete »Ware« haben, aber außerstande sind, sie gut zu verkaufen.

Sollte es nicht möglich sein – so frage ich –, unser gutes politisches System auch gut zu »verkaufen«, d. h., unseren Menschen die Vorzüge dieses Systems verständlich zu machen, seine theoretischen Grundlagen zu klären, eine minimale Übereinstimmung in Werten, Zielen und Denkmodellen herbeizuführen und seine Zukunft überzeugend darzustellen? Dies nicht, um eine ideologische Gleichschaltung einzuleiten, sondern um uns zur Lösung unserer Probleme fähig zu machen und die Selbstvergiftung zu vermindern.

Gegenwärtig wird viel über die Zerstörung der materiellen Voraussetzungen unserer Existenz geschrieben und gesprochen: mit Recht. Über dieser materiellen Gefährdung sollte man aber nicht andere Gefährdungen vergessen: Möglicherweise sind die ungelösten sozialen Probleme, die fortschreitende Entsolidarisierung der zusammenlebenden

Menschen noch viel gefährlicher. Sind wir vielleicht schon auf dem Weg zu Situationen ähnlich denen der Rattenpopulation im engen Käfig, wo das Zusammenleben nicht mehr in gegenseitiger Hilfe, sondern in fortwährender Aggression und Verletzung besteht?

Sigmund Freud hat dies schon 1930 erkannt: »Die Schicksalsfrage der Menschenart scheint mir zu sein, ob und in welchem Maße es ihrer Kulturentwicklung gelingen wird, der Störung des Zusammenlebens durch den menschlichen Aggressions- und Selbstvernichtungstrieb Herr zu werden ...«

Die Ursachen der fehlenden Identifikation unserer Menschen mit ihrem eigenen politischen System sind angebbar: die tiefen Traditionsbrüche in den Jahren 1933 und 1945, die Vorherrschaft wirtschaftlicher Interessen in der Nachkriegszeit und die ideologische Prüderie unserer Parteien. Daß diese Versäumnisse nicht die Schuld der kritisierenden Jugend sondern der selbstgefälligen Alten ist, sei ausdrücklich festgestellt.

Die Kurskorrektur setzt meines Erachtens die Einigung über einen Minimalkanon der Normen unseres Zusammenlebens voraus. Diesen zu suchen oder wenigstens zur Suche anzuregen, ist die Absicht dieses Buches. Diese Normen sind selbstverständlich ideologisch. Sie bestehen in einem verträglichen System von Werten, Zielen und Denkmodellen. Es geht hier aber nicht um eine übergeordnete Weltdeutung oder eine religiöse Begründung, sondern um eine anspruchslose Einigung, welche Grundsätze wir für unser Zusammenleben vereinbaren wollen.

Hierbei sollte Klarheit darüber bestehen: Man kann politische Grundsätze nur an ihrer Wirkung auf die Praxis messen, nicht aber an ihrer intellektuellen Faszination. Deshalb kann man auch die Realität politischer Systeme nur mit der Realität anderer politischer Systeme vergleichen, nicht aber mit Idealen. Realisierte Systeme müssen mit realen Menschen und all ihren Mängeln auskommen, Ideale können hierüber leicht hinweggehen.

Die historische Erfahrung spielt für die Gesellschaftswissenschaften eine ähnliche Rolle wie das Experiment in den Naturwissenschaften: Das letzte Urteil über ideologische Systeme ist die Lösung existentieller Probleme.

Der gesuchte Minimalkanon der Normen unseres Zusammenlebens muß und kann meines Erachtens jenseits der parteipolitischen Unterschiede stehen. Die programmatischen Schriften unserer demokratischen Parteien[66] enthalten – verglichen beispielsweise mit dem Marxismus-Leninismus – sehr viele Übereinstimmungen; ihre Unterschiede sind nicht mehr als Nuancen einer weitgehenden Gemeinsamkeit. Gravierende Unterschiede entstehen erst neuerlich durch einen verfälschten Sprachgebrauch: Vorsicht, semantischer Betrug!

Ein solcher Minimalkanon ist eine notwendige Voraussetzung zur Verminderung unserer Konflikte: Statt bei jedem einzelnen Problem immer wieder um die unausgesprochenen Hintergünde unserer Einstellung zu streiten, sollten diese Hintergründe klar ausgesprochen, offen diskutiert und danach bei konkreten Problemlösungen als nicht mehr kontroverse, vielmehr verbindliche Basis vorausgesetzt werden können.

Wir müssen also die bei uns verbreitete ideologische Prüderie aufgeben, welche uns selbst darüber hinwegtäuscht, daß unser Verhalten durch spezifische Bewertungen, Ziele, Denkmodelle und auch Vorurteile bestimmt ist. Mit dieser ideologischen Prüderie zogen wir uns bisher von dem Kampfplatz zurück, auf dem über die Zukunft entschieden wird. Die Selbsteinschätzung darf also nicht sein »Wir sind ideologiefrei«, sondern muß sein »Wir *haben* eine Ideologie, die wir nach schweren Erfahrungen für die beste halten, und stellen uns der Auseinandersetzung«.

Wir müssen auch den Mut haben, das Selbstverständliche auszusprechen, das sich heute nicht mehr von selbst versteht. Mit solch unverantwortlichen Phrasen wie »viele Vietnams zu schaffen« kann man die Öffentlichkeit und die Publizistik beeindrucken, aber die Überzeugung, daß eine heile Welt besser sei als eine unheile Welt, wird kaum Aufmerksamkeit finden. Wir brauchen den Mut zur Banalität.

Die Neugier wirkt sich hier verhängnisvoll aus. Man starrt auf das erregend Neue und übersieht dessen Voraussetzungen, etwa so, wie ein oberflächlicher Beobachter nur die Blätter eines Baumes sieht, nicht aber den Stamm, der Voraussetzung dieser kurzfristigen Effekte ist.

Hierzu ist ein Gedanke von G. Benn interessant, auch wenn er wohl über das Ziel hinausschießt:

»Nein, mir kommt der Gedanke, ob es nicht weit radikaler, weit revolutionärer ... ist, die Menschheit zu lehren: so bist du, und du wirst nie anders sein, so lebst du, so hast du gelebt, und so wirst du immer leben. Wer Geld hat, wird gesund, wer Macht hat, schwört richtig, wer Gewalt hat, schafft das Recht. Das ist die Geschichte! Ecce historia! Hier ist das

Heute, nimm seinen Leib und iß und stirb! Diese Lehre scheint mir weit radikaler, weit erkenntnistiefer und seelisch folgenreicher zu sein als die Glücksverheißungen der politischen Parteien[67].«

Dies ist aber nur die halbe Geschichte. Menschen und ihre Ideen haben tatsächlich schon die Welt verändert: das Christentum, der Islam, der Leninismus, der Maoismus. Man muß hier den Weg zwischen zwei Fehlhaltungen hindurch suchen: einerseits der gestaltungsunwilligen Resignation und andererseits dem Utopismus ohne Augenmaß für das Mögliche.

Auf die Gefahr hin, gründlich mißdeutet zu werden: Der mißbrauchte, antiquierte und verlachte gesunde Menschenverstand hat mehr Vernunft in sich als das weltfremde, theoretisierende und diffamierende »kritische Bewußtsein«, von dem der Chor der Phantasten das Heil der Erde erwartet. In ihm stecken Jahrtausende menschlicher Erfahrungen.

Um die voraussehbaren Mißdeutungen in Grenzen zu halten: Ich bin für ein kritisches Bewußtsein, aber es muß tatsächlich auch kritisch sein. Nicht jeder, der giftige Phrasen drischt, hat ein kritisches Bewußtsein. Hinter vielen giftigen Phrasen verbirgt sich der totale Konformismus des Neides oder eine pubertäre Störung, keinesfalls aber ein Bewußtsein, geschweige denn ein kritisches Bewußtsein.

Die historische Erfahrung spielt bei der Einigung über einen Minimalkanon der Normen unseres Zusammenlebens eine bestimmende Rolle. Deshalb müssen wir wieder ein nüchternes Verhältnis zu unserer eigenen Geschichte finden. Man kann die deutsche Geschichte nicht auf die Untaten Hitlers reduzieren. Da gab es auch sehr viel anderes, z. B. die Aufforderung, so zu handeln, daß die Maxime unseres Willens zugleich als Prinzip einer allgemeinen Gesetzgebung dienen könnte, und einen König, der sich selbst als »erster Diener« seines Staates verstand. Wir haben auch eine respektable Tradition des Protestes: von Luther, der angesichts von Kaiser und Reichstag sagte: »Hier stehe ich, ich kann nicht anders!«, bis zu Graf Stauffenberg und D. Bonhoeffer. Dies sei hier ausdrücklich festgestellt: Der Widerstand gegen Hitler war kein Monopol der Linken, die damalige Opposition hatte sehr klare Vorstellungen darüber, daß ein neues Deutschland weder kapitalistisch noch kommunistisch sein sollte.

Ein nüchternes Verhältnis zu unserer Geschichte begründet *nicht* die unbegrenzte Zerknirschung und Selbstkasteiung, die uns manche einreden wollen. Daß ein solches nüchternes Verhältnis zur eigenen Geschichte nichts mit Chauvinismus zu tun hat, sei ausdrücklich festgestellt.

Hierzu sagte Kurt Schumacher[68] im Jahre 1952:

»Es kommt darauf an, dem deutschen Volk ein neues nationales Selbstbewußtsein zu geben, gleich fern von dem frevelhaften Übermut der Vergangenheit und der heute weitverbreiteten Neigung, in jedem alliierten Wunsch eine Offenbarung zu sehen. Nur ein Volk, das sich selbst behauptet, kann ein wertvolles Glied einer größeren Gemeinschaft sein.«

Was wir aus unserer Geschichte aber lernen sollten, ist die äußerste Wachsamkeit gegenüber ideologischer Verführung. Wir ließen uns 1933 verführen und tragen schwer daran. Dies darf sich nicht wiederholen.

Der verstorbene K. Th. von Guttenberg sagte in seiner unvergeßlichen Rede vor dem Deutschen Bundestag am 27. Mai 1970: »Die deutsche Demokratie ist schon einmal zugrunde gegangen, weil unter den Deutschen eine geistig-moralische Verwirrung angestiftet und die Grenze zwischen einem demokratischen Rechtsstaat und einem totalitären Verbrecherregime verwischt wurde. Es gibt leider Grund, davor zu warnen, daß diese Grenze erneut vernebelt werden könnte, und diesmal durch Demokraten ...«

Zu den genannten Gründen – bessere Problemlösung und geringere Vergiftung unserer Gesellschaft – kommen noch andere Gründe, dieses politische System bewußt zu definieren:

- damit seine Bürger durch die dialektische Raffinesse der Systemzerstörer weniger verblüfft werden,
- damit seine Organisationsstrukturen den wechselnden Bedingungen in sinnvoller Weise angepaßt werden können,
- damit seine Zukunft überzeugend dargestellt werden kann und
- damit seine Bürger überhaupt wissen, mit was sie sich identifizieren können.

Einem Versuch, die Übereinstimmungen für unser Zusammenleben zu formulieren, habe ich die Überschrift gegeben[69]:

Die humane Gesellschaft –
Jenseits von Kapitalismus und Kommunismus

Ich möchte diesen hier weiter ausbauen. Hierbei muß entschieden der Verdacht abgewehrt werden, es ginge um ideologische Gleichschaltung oder um eine Verniedlichung bestehender Gegensätze: Nein, darum geht es nicht, es geht vielmehr um das Bewußtwerden der Gemeinsamkeiten, welches das Austragen von Konflikten nicht ersetzen, wohl aber deren Häufigkeit und Häßlichkeit verringern kann.

Dieser Versuch muß sich zuerst von den beiden großen Simplifikationen unserer Zeit abgrenzen: vom unkontrollierten Kapitalismus und vom Kommunismus. Diese beiden Simplifikationen sind zwar von ganz verschiedener Herkunft (einerseits unreflektierte Praxis und andererseits unerprobte Theorie), aber sie haben meines Erachtens beide ihr Unvermögen zum Aufbau einer wünschenswerten menschlichen Gesellschaft gezeigt. Es bleibe hier dahingestellt, ob es einen »unkontrollierten Kapitalismus« in unserem Lande jemals gab, oder ob er nur ein Klischee des Klassenkampfes ist.

Gemeinsam ist diesen beiden Simplifikationen auch, daß sie den dritten Weg, vorbei am Kapitalismus oder Kommunismus bekämpfen: Der orthodoxe Kommunist sieht im »Sozialdemokratismus«, der naive Kapitalist in der »Sozialen Marktwirtschaft« seinen gefährlichsten Gegner.

Ich halte es für erwiesen, daß ein unkontrollierter Kapitalismus außerstande ist, unsere lebenswichtigen Probleme zu lösen: sozialer Friede, Chancengleichheit, Bildungsreform, Gesundheitswesen, Stadtsanierung, Umweltschutz usw. Angesichts der gegenwärtigen Komplexität gesellschaftlicher und politischer Probleme erwachsen humane Lösungen nicht aus dem gebündelten Erwerbsstreben, eher aus einem Gesamtentwurf. Wenn alle maximalen Gewinn anstreben, dann entsteht durchaus keine hohe Lebensqualität für alle, die Ansammlung von Teiloptima ergibt kein Gesamtoptimum.

Der unkontrollierte Kapitalismus ist dort besonders gefährlich, wo er über den wirtschaftlichen Bereich hinausgreift und versucht, die Politik in seinem Sinne zu lenken. Diese Gefahr entsteht erfahrungsgemäß dann, wenn sich sehr große Vermögen unkontrolliert betätigen.

Auch die einseitige Bestimmung wirtschaftlicher Entscheidungen durch das Kapital ist unerträglich: Die arbeitenden Menschen müssen am Entscheidungsprozeß beteiligt werden.

Besonders kritisch sind diese Fragen im Hinblick auf den Umweltschutz: Der Umweltschutz gehört – wie das Bildungssystem oder das Gesundheitswesen – zu den Aufgaben, die nicht marktwirtschaftlich (im engeren Sinn) gelöst werden können. Der Umweltschutz muß vielfach mit einer bewußten Verringerung der Rentabilität beginnen. Eine Fabrik, die Abwässer und Abgase sorgfältig reinigt, muß mehr investieren als eine Fabrik, die Schmutzwasser und Abgase rücksichtslos abläßt. Hieraus darf aber nicht geschlossen werden, daß die Umwelt nur unter Verzicht auf Marktwirtschaft geschützt werden könnte.

Wenn man unter »Marktwirtschaft« einfach versteht, daß Verkäufer und Käufer ohne übergeordnete Steuerung den Austausch von Waren oder Dienstleistungen frei vereinbaren, dann ist die Umwelt ausschließlich marktwirtschaftlich nicht zu schützen. Wenn man unter »Marktwirtschaft« aber versteht, daß der Markt durch externe Daten, die Vorgabe ökonomischer Prioritäten und notfalls auch durch unmittelbare Einwirkung beeinflußt wird (wie es für die Soziale Marktwirtschaft selbstverständlich ist), dann gibt es keine Schwierigkeiten, auch die Probleme des Umweltschutzes zu lösen.

Dem trägt bereits das Grundgesetz der Bundesrepublik Deutschland Rechnung; Artikel 14 bestimmt:

»(2) Eigentum verpflichtet. Sein Gebrauch soll zugleich dem Wohle der Allgemeinheit dienen.«

Die programmatischen Schriften unserer demokratischen Parteien stimmen – bei geringen Nuancen – mit dem hier Entwickelten überein.

So findet sich im »Godesberger Programm« der SPD[70]:

»Deshalb bejaht die Sozialdemokratische Partei den freien Markt, wo immer wirklich Wettbewerb herrscht ... Wettbewerb so weit wie möglich – Planung soweit wie nötig!«

C. A. Andreae schreibt in »Die Zukunft der CDU«[71]:

»... daß die verschiedenen Gruppen in der Gesellschaft sich ihrer Zusammengehörigkeit bewußt werden, daß partielle Interessen als Bündel gesehen werden und daß das Ganze über seine Teile gestellt wird.«

Diese ausdrückliche Distanzierung vom unkontrollierten Kapitalismus mag dem unnötig erscheinen, der die Polarisierung der ideologischen Auseinandersetzungen in unserem Lande nicht kennt: Noch nie wurde von der extremen Linken so rücksichtslos das Prinzip vertreten, daß, wer nicht mit ihnen ist, ein Knecht kapitalistischer oder krimineller Machenschaften sein müßte (was für sie ja dasselbe ist): Willst du nicht mein Bruder sein, dann schlag ich dir den Schädel ein.

Ebenso wie vom unkontrollierten Kapitalismus möchte ich mich von den verschiedenen Spielarten des Marxismus abgrenzen, seien es nun dessen etablierte oder dessen zahlreiche theoretische Varianten.

Ich halte es für erwiesen, daß der Marxismus-Leninismus dort, wo er realisiert wurde (und keine Opfer scheute), seine Versprechungen nicht einhalten konnte: Herrschaftsstrukturen wurden nicht abgebaut, sondern lediglich von anderen Herrschern übernommen, die Meinungsmanipulation ist schlimmer als sonstwo, die Kreativität des einzelnen rigoros eingeschränkt, die Städte sind noch unwirtlicher, die Umwelt ist so gefährdet wie andernorts. Daß die Außenpolitik kommunistischer Länder weniger imperialistisch und die Entwicklungshilfe selbstloser als die der »kapitalistischen« sei, kann mit guten Gründen bestritten werden.

Unerträglich ist die Perversion des Begriffes »Demokratie« als Diktatur einer Klasse. Wir können diese nicht akzeptieren. Einerseits ist der Begriff »Klasse« bei uns kaum mehr definierbar, und andererseits ist Demokratie in unserem Sinne ein System von Regeln, das jeder Gruppe faire Chancen einräumt und Minderheiten vor Machtmißbrauch schützt. Daß dieser pervertierte Demokratiebegriff keine folgenlose theoretische Fehlleistung ist, zeigt das Schicksal der Minderheiten in der Sowjetunion.

Daß in der Sowjetunion eine »klassenlose Gesellschaft« aufgebaut sei, ist ein Märchen, das nur fern der Wirklichkeit geglaubt werden kann. In keiner anderen Gesellschaft sind die Klassengegensätze so kraß. Der ideale Sowjetmensch, das Ergebnis der »Sozialisierung«, ist nirgends in Sicht. Daß er noch nicht entstanden ist, kann man jetzt – nach mehr als 50 Jahren uneingeschränkter Herrschaft – nicht mehr fremden Machenschaften anlasten; hier zeigt sich die Untauglichkeit des Systems: Eine Ideologie, die so lange auf das Erscheinen synthetischer Menschen warten muß, ist in der historischen Prüfung samt Bewährungsfrist durchgefallen.

Wohl das Schlimmste ist die geistige Unfreiheit in den »sozialistischen« Staaten. Hierzu einige Sätze aus dem Buche von C. Gerstenmaier[72] *Die Stimme der Stummen*:

»Mit Hilfe einer korrumpierten Presse, die ohnehin nichts anderes als einen den Willen der Herrschenden vermittelnden ›Transmissionsriemen‹ darstellt, sucht die Führung die rebellierende Intelligenz fest in den Griff zu bekommen. Druckmittel aller Art gegenüber mutigen Opponenten sind ein Mittel, ominöse ZK-Beschlüsse, Pressekampagnen und ein riesiges Heer ›ins Volk‹ geschickter Agitatoren ein anderes.«

Empörend ist die Beschuldigung anderer Staaten als »militaristisch«: Ich sah 1972 in der Sowjetunion an einem normalen Werktag zwölfjährige Kinder mit Maschinenpistolen paradieren. Etwas Vergleichbares entdeckte ich noch in keinem anderen Land, weder in den angeblich imperialistischen und militaristischen USA, noch in der Bundesrepublik Deutschland, noch in irgendeinem der anderen fortwährend denunzierten Länder. Ob diese Kinder wohl wissen, was Soldaten der UdSSR im Jahre 1953 in Berlin, 1956 in Ungarn und 1968 in der Tschechoslowakei getan haben?

Mein entschiedener Widerstand gegenüber kommunistischer Indoktrination rührt vor allem aus der Erfahrung, daß es noch keiner Gesellschaft gelang, das kommunistische Experiment rückgängig zu machen. Man kann eben nicht versuchsweise »ein bißchen« Kommunismus haben.

Ebenso wie ich mich gegen den etablierten Kommunismus stelle, widerspreche ich auch seinen zahlreichen theoretischen Spielarten. Deren verbal verkündete Ziele sind zwar großenteils respektabel: Mitgefühl mit den Unterprivilegierten, Abbau von Herrschaftsstrukturen, Chancengleichheit. Aber offensichtlich wurde bisher weder hier noch andernorts ein Weg gefunden, diese respektablen Ziele zu verwirklichen.

A. Solschenizyn sagte (in seiner nicht gehaltenen Nobelpreis-Rede): »Die Jugend, die noch in jenem Alter steht, da man über keine Erfahrung verfügt, außer der sexuellen, die noch nicht lange Jahre eigener Leiden und eigener Einsichten auf ihren Schultern trägt – diese Jugend wiederholt begeistert unsere russischen, verrufenen alten Klamotten aus dem neunzehnten Jahrhundert, und dabei kommt es ihr vor, als habe sie etwas Neues entdeckt. Die jüngst von den Hunwejbins [Anmerkung des Übersetzers: Extremisten in der chinesischen ›Kulturrevolution‹] exerzierte Degradierung der Menschen bis zur völligen Vernichtung nimmt sie als ein freudiges Vorbild an. Das oberflächliche Unverständnis für das von jeher bestehende Wesen des Menschen, die naive Überzeugung der Herzen, die das Leben noch nicht erfahren haben: Wir wollen nur jene grausamen, gierigen Unterdrücker, jene Herrscher verjagen. Dann werden schon deren Nachfolger (und das sind wir!), nachdem sie die Bomben und Maschinengewehre beiseite gelegt, sich als gerecht und mitfühlend erweisen. So einfach ist das! ... Unter denen aber, die das Leben bereits kennen und verstehen, die dieser Jugend eine Antwort erteilen könnten – gibt es viele, die keine Erwiderung *wagen*, ja sogar vor der Jugend liebedienern, um ja nicht ›konservativ‹ zu erscheinen. Auch das gab es schon im Rußland des neunzehnten Jahrhunderts; Dostojewskij nannte es ›*die Versklavung durch fortschrittliche Ideechen*‹.«

Trotz mancher Übereinstimmung in den Zielen widerspreche ich der linksextremen Jugendbewegung aus vielen Gründen:

1. Sie zerstört zur Durchsetzung ihrer elitären politischen Absichten hemmungslos die menschliche Solidarität. Demokratie beginnt aber damit, auch Andersdenkende sprechen zu lassen, und Diskussion beginnt mit Zuhören.
2. Die Absenkung des intellektuellen Niveaus, die totale Blindheit gegenüber Problemen höherer Komplexität und das Absterben autonomer Kritikfähigkeit bereiten die unbegrenzte Manipulierbarkeit vor.
3. Nach dem zwangsläufigen Scheitern des moralischen Rigorismus kommt der Zynismus, in dem die Betroffenen für moralische Absichten nicht mehr ansprechbar sind.
4. Nach den dilettantischen Umsturzversuchen wird das letzte Rezept der doktrinäre Kommunismus sein.
5. Besonders übel ist die Diskreditierung des Prinzips Hoffnung: Es gibt ja keine infamere Art, einer guten Sache zu schaden, als sie mit unglaubwürdigen Argumenten zu vertreten. Wer Humanität will, kann nicht Aggressivität betreiben.

Die ideologischen Auseinandersetzungen in unserem Lande haben viel mit Schmierentheater gemein: Da spielen sich Leute als Advokaten der Unterdrückten auf, die noch nie Hunger, Not und Angst erlitten haben, und diejenigen, die hiervon Ungeheures ertrugen, können sich nicht verständlich machen. Das Schimpfen auf den Profit wird zum profitablen Geschäft. Dieses Schmierentheater ist ebenso unästhetisch wie steril. Ideologische Auseinandersetzungen sollten eigentlich Probleme lösen. Aber welche Probleme wurden gelöst?

In seiner Satire »Vorschläge für den Weltuntergang[73]« hat sich H. Weigel ausgedacht, was wohl geschähe, wenn diese linksextreme Jugendbewegung die Macht im Staate übernähme:

»Um 19 Uhr 40 hatte sich das Zentralkomitee, bisher in allen Entscheidungen durchaus einhellig, in Fraktionen gespalten, welche neue Fronten quer durch Klassen und Stände und Generationen bildeten. Alle Teilnehmer waren von der Dringlichkeit einer gesellschaftlichen Neuordnung durchdrungen. Alle verurteilten alles, was bis gestern gewesen war. Als sich aber die Frage nach dem, was von morgen an sein sollte, stellte, standen einander vehement kämpferisch eine linke Neue Linke, eine gemäßigte Neue Linke und eine konservative Neue Linke unversöhnlich gegenüber, wobei sich innerhalb der linken Neuen Linken eine anarchistische linke Neue Linke, eine anarcho-syndikalistische linke Neue Linke, eine volksrepublikanische linke Neue Linke, eine katholische linke Neue Linke und eine linke linke Neue Linke ebenso befehdeten wie innerhalb der gemäßigten Neuen Linken die linke gemäßigte Neue Linke, die neue Neue Linke, die föderative gemäßigte Neue Linke, die radikale gemäßigte Neue Linke und die gemäßigte gemäßigte Neue Linke, während bei der konservativen Neuen Linken eine linke konservative Neue Linke, eine progressive konservative Neue Linke, eine freie konservative Neue Linke, eine unabhängige konservative Neue Linke, eine klassenlose konservative Neue Linke, eine linke konservative Neue Linke und eine konservative konservative Neue Linke ihre sozialen und politischen Konzepte anzubieten hatten. Als es soweit war, unterbrach man die Sitzung, vertagte sie auf den kommenden Morgen und bestieg die Fahrräder.«

Die entschiedene Ablehnung des Kommunismus und seiner zahlreichen theoretischen Varianten findet sich in den Grundsätzen aller unserer demokratischen Parteien. Besonders ausgeprägt schrieb Kurt Schumacher[74] 1952:

»Die Kommunisten berufen sich zu Unrecht auf die sozialistischen Traditionen. In Wirklichkeit haben sie diese Traditionen bis zur Unkenntlichkeit verzerrt.«

Im »Godesberger Programm« der SPD[75] wird festgestellt, daß »die Kommunisten die Zerrissenheit der Gesellschaft dazu ausnutzen, um die Diktatur ihrer Partei zu errichten«.

K. H. Flach schreibt über den etablierten Sozialismus, daß er »die Probleme, aus denen heraus er entstanden ist, nirgendwo sinnvoll gelöst hat[76]«.

W. Brandt hat sich erneut deutlich abgegrenzt: Der »demokratische Sozialismus« ist nicht revolutionär, sondern evolutionär. Er zielt nicht auf eine grundsätzliche Änderung des Systems ...: Privatwirtschaft soweit wie möglich, Gemeineigentum soweit wie nötig.

Über die Auseinandersetzungen sagte H. O. Vetter, der Vorsitzende des Deutschen Gewerkschaftsbundes:

»Wir kennen wohl die Ungeduld der Jugend, die sich mit dem langen und mühsamen Weg bis zu einer besseren Gestaltung unserer Gesellschaft nur schwer abfinden kann. Aber bei allem Verständnis dafür gibt es eine Grenze der Toleranz, sobald dieses Aufbegehren in Terror übergeht. Für die Zerstörer der Freiheit – aus welcher Richtung sie immer kommen mögen – kann es keine Freiheit geben.«

Nach diesen kurzen Abgrenzungen gegenüber dem unkontrollierten Kapitalismus und dem Kommunismus sollte nun gesagt werden, was für die gedachte »humane Gesellschaft« kennzeichnend ist. Alle wollen ja eine humane Gesellschaft, keiner will eine inhumane Gesellschaft. Unser Problem ist also nicht das selbstverständliche Bekenntnis, sondern die Klärung: Welches sind die Merkmale einer humanen Gesellschaft, und wie können wir sie herstellen, ohne das gute Ziel durch schlechte Methoden zu entwerten?

Die Antwort auf diese Frage ist aber schwer zu finden; es geht letztendlich um das Menschenbild, das wir uns vorstellen. Oft wurde beklagt, daß unsere Philosophie hierfür unergiebig sei und daß wir angesichts der brennenden Probleme nicht unbegrenzt auf ihre Antworten warten können.

Ich nehme nicht in Anspruch, diesen offensichtlichen Mangel beseitigen zu können, aber ich möchte doch auf einige wertvolle Ansätze verweisen, die zeigen, daß der Begriff »humane Gesellschaft« mehr als eine Leerformel ist.

Über die »Qualität des Lebens« sagte E. Eppler[77]:

»Wir zweifeln, ob dies gut für die Menschen sei:

– immer breitere Straßen für immer mehr Autos
– immer größere Kraftwerke für immer mehr Energiekonsum
– immer aufwendigere Verpackung für immer fragwürdigere Konsumgüter
– immer größere Flughäfen für immer schnellere Flugzeuge
– immer mehr Pestizide für immer reichere Ernten
– und, nicht zu vergessen, immer mehr Menschen auf einem immer enger werdenden Globus.

Denn wir haben in den letzten Jahren gelernt, daß dieses auch bedeutet:

– immer schlechtere Luft
– immer widerlichere Schutthalden
– immer unerträglicherer Lärm
– immer weniger sauberes Wasser
– immer gereiztere Menschen
– immer mehr Giftstoffe in den Organismen
– und immer mehr Tote auf den Straßen.«

Die materiellen Voraussetzungen für die zukünftige Existenz von

Menschen auf dieser Erde werden vor allem mit dem Weltmodell des »Club of Rome« untersucht[78].

Dessen wichtigstes Ergebnis ist: Wenn die gegenwärtige Zunahme der Weltbevölkerung, der Industrialisierung, der Umweltverschmutzung, der Nahrungsmittelproduktion und der Abbau natürlicher Rohstoffe unverändert anhält, dann werden im Laufe der nächsten 100 Jahre absolute Wachstumsgrenzen erreicht. Um Katastrophen zu vermeiden, muß das Wachstum eingeschränkt und ein ökologischer Gleichgewichtszustand angestrebt werden. Je rascher sich die Menschen hierzu entschließen, desto besser ist die Aussicht auf Erfolg.

Die Konsequenzen sind vor allem für die Wirtschaft einschneidend. Sie muß einen Weg aus der Wachstumsideologie hin zum Gleichgewichtsdenken finden. Dies ist aber außerordentlich schwierig, vergleichbar dem bisher ungelösten Problem der weltweiten Kriegsverhütung.

Hierbei zeigt es sich, daß zur Feindpartei wir alle gehören, die wir steigenden Wohlstand erwarten. Dieser Erwartung muß durch Erziehung und ständige Aufklärung entgegengetreten werden. So wie in den letzten Jahren bewußt wurde, daß die Umwelt geschützt werden muß, so muß in den nächsten Jahren bewußt werden, daß man nicht immer mehr konsumieren kann, daß vielmehr bewußte Enthaltsamkeit unvermeidbar ist. Dies dürfte erleichtert werden durch die Einsicht, daß die subjektiv empfundene Lebensqualität kaum mehr vom größeren Konsum abhängt, vielmehr von Dienstleistungen und sozialen Kontakten.

Die menschliche Existenz darf aber nicht auf eine materielle »Lebensqualität« reduziert werden. Es ist auch zu klären, welche psychischen und sozialen Bedingungen Voraussetzungen eines wünschbaren menschlichen Lebens sind. Gute Ansätze zu ihrer Klärung finden sich bei R. F. Behrendt[79]:

»1. Die humane Utopie der Gesellschaft als Gemeinwesen, als Zielvorstellung und Objekt eines modernen Glaubens, gegründet auf

a) ›Ehrfurcht vor dem Leben‹ (Albert Schweitzer), nicht bloß als biologischem Tatbestand, sondern als einmaliger Möglichkeit der Entfaltung jeweils einzigartiger individueller Potentialitäten;

b) Wertung des gesellschaftlichen Raums und aller seiner Institutionen (natürlich auch des Staates) als Mittel der Lebensoptimierung für konkrete, jetzt und künftig lebende Menschen, unter Anerkennung ihres Rechts auf Glück und Lebensfreude, worin immer sie sie finden, begrenzt nur durch die Rücksicht auf das gleiche Recht aller anderen;

c) Mitmenschlichkeit, Zusammenarbeit, Beteiligung möglichst vieler an der Verantwortung für die immer wieder nötige Umgestaltung und Verbesserung gesellschaftlicher Verhältnisse und damit auch an der Macht und an der Nutznießung der Produkte der Dynamik.

2. Die hierfür unentbehrliche gesellschaftliche Mündigwerdung kann nicht als revolutionärer ›Schöpfungsakt‹ durch Zerschneiden des Gordischen Knotens des vermeintlichen ›Systems‹ vollzogen werden…, sondern nur durch einen unvermeidlich allmählichen, langwierigen, mühsamen Prozeß ständiger gegenseitiger und eigener Erziehung in der Richtung auf:

a) lebenslängliche Lern- und ›eingebaute‹ Reformfähigkeit, also die Fähigkeit, im Wandel zu leben ohne die Ängste vor Unsicherheit und Bedrohung des eigenen Status, um darüber hinaus eine durch Wandel zum Besseren gekennzeichnete Gesellschaftsordnung mitzugestalten;

b) Stärkung und Bekundung von rational gelenktem und kollektiv getragenem Selbsterhaltungstrieb, als Gegengewicht gegen die Versuchungen irrationaler Verheißungen des Heils durch Amokläufe und gegen die Ansprüche von Institutionen aller Art, deren Nutznießer sie – mit Hilfe vielfältiger Ideologien und Beeinflussungstechniken – zu Zwangsorganen mit Selbstzweckcharakter machen;

c) Schätzung des Pluralismus der Werte, Interessen und Erfahrungen als wünschenswerte Ergänzung der eigenen, stets beschränkten Ausstattung und damit Erlernen von Toleranz … mit der Erkenntnis, daß Toleranz gegen Intoleranz potentiellen Selbstmord bedeutet.

3. Bewußte Gestaltung der zukünftigen menschheitlichen Entwicklung, zur Vermeidung ihrer Selbstzerstörung durch Mißbrauch der stets mächtiger werdenden Technik zur Umweltvernichtung und zum totalen Krieg. Hierfür:

a) Anerkennung der globalen Nachbarschaft im Sinne von gegenseitiger Abhängigkeit als bereits gegebener Tatsache, die nun in das Verständnis und das Verantwortungsbewußtsein möglichst vieler Menschen überall gehoben werden muß …

b) Anerkennung der Dynamik …, die … unter Berücksichtigung der Lebensbedürfnisse und -ziele aller, … gesteuert und gegebenenfalls in konkreten Erscheinungen (z. B. Mißbrauch der Technik, der Drogen) gebremst werden muß.

c) Demokratie, verstanden als möglichst weit gestreute verantwortliche – also moralisch und sachlich fundierte – Beteiligung aller Mitglieder von Sozialgebilden an ihrer Gestaltung, als gesellschaftliches System der Entscheidung und Austragung von – immer zu erwartenden und zur Erhaltung schöpferischer Dynamik auch notwendigen – Konflikten.«

Was bei uns bisher über die psychischen und sozialen Bedingungen einer humanen Gesellschaft gesagt wurde, ist zweifellos unzureichend. Der Vergleich mit der intensiven theoretischen Begründung des Marxismus-Leninismus zeigt, wie wenig man sich bisher bemüht hat, unser politisches System theoretisch zu begründen. Es funktioniert, es funktioniert sogar sehr gut; vom vorausgesagten Zusammenbruch ist gar keine Rede, aber man weiß nicht recht, warum es so gut funktioniert; man läßt sich fortwährend verblüffen, ist außerstande, Unwesentliches vom Wesentlichen zu unterscheiden und macht sich kaum Gedanken darüber, wie sich dieses wohlfunktionierende System in der Zukunft entwickeln könnte.

Der bisher unbefriedigende Beitrag der Wissenschaft zur Klärung der Bewertungen ist wohl nicht zufällig, sondern hat einen verstehbaren Grund. Die rationale Argumentation über das, was wir wollen, scheint (mindestens teilweise) ein Widerspruch in sich selbst zu sein.

Das religiöse Vorgehen, vorbildliche Menschen in wesentlichen Lebenssituationen deutlich vorzustellen, ist offensichtlich wirksamer. Der eindringlich dargestellte Lebensweg des Christus oder Buddha verändert Werthaltungen stärker als abstrakte Moraldiskussionen.

Eine ähnliche Wirkung hat zweifellos die künstlerische Darstellung bestimmter Verhaltensformen, z. B. im Theater. Hierzu sei ein wichtiger Hinweis von P. Wehrle erwähnt: Die künstlerische Tätigkeit ist eine der großen befreienden Alternativen, die der Marxismus nicht versteht. Jenseits der Bindung der Kunst an die Absichten des Staates im kommunistischen Bereich und jenseits des pluralistischen Chaos einer marktbeherrschenden Kunst im Westen hat die Kunst für eine humane Gesellschaft im geistigen Bereich eine ähnliche Bedeutung wie die Umweltfragen im materiellen Bereich.

Aber am wichtigsten ist die unmittelbare Begegnung, über die U. Undeutsch (in *Die psychische Entwicklung der heutigen Jugend*) schreibt:

»Der im Strukturwandel der Reifungszeit um seine eigene strukturelle Neuformung ringende Jugendliche wird auf das tiefste ergriffen von geformtem Menschentum, wo auch immer es ihm begegnet, insofern es ihm irgendwie Vorbild sein kann und im ungefähren Umkreis seiner eigenen gestaltträchtigen Gerichtetheiten liegt ...

Jede erotische Sehnsucht steigert und idealisiert aber nicht nur den anderen, sondern formt damit auch das eigene Ich, denn sie enthält als wesentliches Moment in sich den Antrieb, dem geliebten und verehrten Menschen ähnlich oder gleich zu werden. Dadurch löst sie starke, selbstformende Kräfte aus, die einen deutlichen Aufschwung mit sich bringen.«

In den programmatischen Schriften unserer Parteien findet sich zwar verschiedentlich das Bekenntnis zur Humanität; was darunter zu verstehen sei, bleibt aber unklar.

Die FDP verweist[80] auf F. Naumanns Grundsatz:

»1. Die Gesellschaft sind wir alle;

2. Die Gesellschaft darf nicht alles.«

Das »Godesberger Programm« der SPD[81] fordert die Vertiefung der Wissenschaft vom Menschen und der Gesellschaft. Die ihr gewidmeten Anstrengungen müssen an Intensität dem entsprechen, was für die Entwicklung von Naturwissenschaft und Technik geleistet wird.

Am deutlichsten sprach es W. von Knoeringen[82] aus:

»Ohne die Integration anthropologischer und sozialwissenschaftlicher Erkenntnisse, ohne den geschärften Blick auf den einzelnen konkreten Menschen in dieser Zeit muß die Politik zur Schaffung einer menschenwürdigen Gesellschaft zum Scheitern verurteilt sein. Daher darf es keine unreflektierte Übernahme technologischer Zielsetzungen geben. ›Der Mensch ist der Kybernetes alles politischen Geschehens‹. Er gibt Wertmaßstäbe, und er setzt Ziele.«

Ich bin überzeugt davon, daß für eine humane Gesellschaft jenseits von Kapitalismus und Kommunismus die besten Voraussetzungen das politische System bietet, das in der Bundesrepublik Deutschland nach schweren historischen Irrtümern aufgebaut wurde.

Wenn wir unser politisches System *nicht* an irgendwelchen Idealen messen, sondern an der Realität anderer Systeme – seien es nun Systeme in anderen Ländern oder zu anderen Zeiten –, dann müssen wir zugeben, daß unser politisches System nicht sehr schlecht, sondern recht gut ist. Durch die Zerstörung dieses Systems würden unsere lebenswichtigen Probleme nicht gelöst: weder der Städtebau, noch das Verkehrsproblem, noch der Umweltschutz. Die Chancengleichheit ist bei uns nicht schlechter als anderswo; durch die soziale Mobilität lösten sich die einstigen »Klassen« bei uns auf, und die Machtverhältnisse sind ziemlich ausbalanciert. Wo sich dieses System bisher als unfähig zeigte, so z. B. bei der Bildungsreform, da lag dies vor allem an seiner ideologischen Hilflosigkeit und an der Rücksichtslosigkeit der Systemzerstörer bei der Durchsetzung ihrer Absichten.

Als besonderen Vorzug unseres politischen Systems sehe ich seine Reversibilität, also die Möglichkeit, politische Entscheidungen wieder rückgängig zu machen, während andernorts auch bei eindeutigem Mehrheitswillen Doktrinen und Herrschaftsverhältnisse nicht mehr abgebaut werden können.

Ich widerspreche entschieden der Behauptung, dieses politische System müßte an seinen »inneren Widersprüchen« zugrundegehen, ich bin im Gegenteil davon überzeugt, daß kein anderes System zum Abbau innerer Spannungen besser geeignet ist als unseres. Besonders die »Soziale Marktwirtschaft« ist ein hervorragendes Instrument des Ausgleichs zwischen individueller Freiheit und sozialen Bedingungen im wirtschaftlichen Bereich[83].

Die CDU fordert[84]: »Diese Ordnung muß für den einzelnen durchschaubar sein; sie kann nur verwirklicht werden, wenn sich die Bürger für ihre Gestaltung verantwortlich fühlen und sich aktiv und opferbereit daran beteiligen.«

Die CSU spricht davon[85], daß der Staat »die aktive Mitgestaltung aller Bürger und ihre gesellschaftlichen Gruppen ermöglichen« muß.

Wer sich zu diesem politischen System bekennt, muß auch bereit sein, es zu verteidigen.

»Die Sozialdemokratische Partei Deutschlands bekennt sich zur Verteidigung der freiheitlich-demokratischen Grundordnung. Sie bejaht die Landesverteidigung[86].«

Die CDU stellt fest[87]:

»Aktive Friedenspolitik setzt die Bereitschaft jedes einzelnen voraus, selbst für die Bewahrung des Friedens einzutreten. Dies erfordert eine Festigung der geistig-moralischen Widerstandskraft gegenüber allen Bedrohungen.«

Das Bekenntnis zur Erhaltung dieses politischen Systems darf nicht als konservative Starrheit verstanden werden. Angesichts der veränderlichen politischen, sozialen, wirtschaftlichen und technischen Bedingungen muß dieses System auch fortwährend verändert werden. Dies setzt vor allem die vorausschauende Klärung der notwendigen Veränderungen, ihre öffentliche Diskussion und Herstellung veränderbarer Strukturen voraus. Hierzu muß die Trägheit des Denkens, die organisatorische Immobilität und der Egoismus von Gruppen und Individuen abgebaut werden.

Veränderungen dürfen aber nicht blindlings, ohne Einsicht in die Folgen und ohne Rücksicht auf andere erzwungen werden. Reformen brauchen viel Verantwortungsbewußtsein. Vor Veränderungen muß geprüft werden, warum sich die bisher üblichen Verhaltensformen so entwickelten und ob ihre Voraussetzungen noch oder nicht mehr bestehen. Die tradierten Denk- und Verhaltensformen sind ja das Ergebnis eines unermeßlichen historischen Optimierungsprozesses, die man nicht leichtfertig aufgeben darf. Progressivität ist nicht Selbstzweck, sie ist eine von mehreren möglichen Strategien zur Herstellung optimaler Lebensbedingungen. Wo sich neue Verhaltensformen als schlecht erweisen, ist es vernünftig, zu den alten zurückzukehren.

Unter der Devise »Emanzipation« wird gegenwärtig in unserem Lande eine unreflektierte und verantwortungslose Traditionszerstörung veranstaltet. Manche meinen, die geschichtliche Entwicklung führe von der totalen Abhängigkeit des Urmenschen über die Aufklärung geradlinig zur totalen Unabhängigkeit des Menschen der Zukunft. Diese Meinung ist falsch: Die menschliche Kultur wird auch in Zukunft Verhaltensnormen voraussetzen. Angesichts der zunehmenden Menschenzahlen, wachsenden Ansprüchen und gegenseitigen Abhängigkeiten wird die Zahl dieser Verhaltensnormen in Zukunft nicht abnehmen, sondern wahrscheinlich noch zunehmen.

Man sollte diese Verhaltensnormen nicht nur als Einschränkung der persönlichen Freiheit verstehen, vielmehr auch als Schutz. Wie anders sollte beispielsweise die Einstellung gegenüber Rauschgift geordnet werden? Sollte jedes Kind selbst entdecken müssen, daß Rauschgift zu gesundheitlichen Störungen, ja möglicherweise zur Zerstörung der Persönlichkeit führt?

Als wesentlicher Unterschied zwischen früheren Normensystemen und neueren scheint mir: Konnten einst Verhaltensnormen, möglicherweise herrschaftsbegründende Verhaltensnormen ohne verstehbare Rechtfertigung erzwungen werden, so wird Voraussetzung aller in Zukunft durchsetzbaren Verhaltensnormen sein, daß sie durch verstehbare

Notwendigkeiten begründet werden.

Die bemerkenswerteste Veränderung unserer Zeit ist nicht die Preisgabe von Normen, sondern die Art ihrer Begründung. Es geht jetzt nicht mehr – oder wenigstens nicht in erster Linie – um metaphysische Rechtfertigung, sondern um die Einsicht in die Folgen von Normenverstößen.

Die CDU spricht ausdrücklich davon[88], daß die Demokratie eine »dynamische, fortzuentwickelnde politische Ordnung« sei, »die die Mitwirkung der Bürger gewährleistet und ihre Freiheit durch Verteilung und Kontrolle der Macht sichert«.

Die SPD spricht[89] von einer »dauernden Aufgabe«, und K. H. Flach sagt für die FDP[90]:

»Die eigentlich revolutionäre Gefahr in Westeuropa sind daher die Konservativen, die Gestrigen, die Reformunfähigen.«

Die gegenwärtige ideologische Auseinandersetzung in unserem Lande richtet sich u. a. gegen das Leistungsprinzip. Ich möchte mich dem entgegenstellen: Keine Gesellschaft kann je mehr geben, als sie leistet. Deshalb muß vor jeder Forderung an die Gesellschaft die Leistung für die Gesellschaft kommen.

Die aktuellen Probleme, wie z. B. soziale Sicherheit, Gesundheitswesen, Bildungsreform, Stadtsanierung, Verkehr, Umweltschutz und Entwicklungshilfe, können ohne angemessene Leistungen nicht gelöst werden.

Aber nicht nur die sozialen, sondern auch die psychischen Folgen des Leistungsabbaus sind bedenklich. Der Leistungsabbau führt zu einer psychischen Verarmung des Menschen. Der Mensch wächst mit seinen Leistungen, seien es nun handwerkliche, technische, wissenschaftliche, organisatorische, sportliche, ästhetische oder moralische Leistungen. *Der* Menschentyp, der sich hier ohne Leistungswillen präsentiert, ist nicht geeignet, uns vom Gegenteil zu überzeugen. Es spricht auch nichts dafür, daß durch den Leistungsabbau das subjektive Glück zugenommen hätte, es spricht aber viel dafür, daß hierdurch neurotische Entwicklungen verstärkt wurden.

Um hierbei ortsübliche Mißdeutungen auszuschließen: Leistung ist nicht zwangsläufig eine unkritische Anpassung an vorgegebene Normen, zu ihr gehört auch die Auseinandersetzung mit den Anforderungen. Dies setzt aber Sachverstand und Verantwortlichkeit voraus.

Der Mensch ist zwar mehr als seine Leistung, aber für seine Stellung in der Zusammenarbeit gibt es kein anderes sozial vertretbares Maß.

Besonders das Langzeitprogramm der SPD[91] läßt den zwingenden Zusammenhang zwischen Leistung und Möglichkeit erkennen.

Um die angestrebten Reformen verwirklichen zu können, muß von dem voraussichtlich wachsenden Bruttosozialprodukt ein immer größerer Anteil aufgewandt werden:

	1970	1985
1. Zentrale Verwaltung	1,6	1,6%
2. Entwicklungshilfe	0,4	0,7%
3. Sicherheit nach außen	2,9	2,9%
4. Sicherung der Rechte	1,2	1,3%
5. Bildung und Wissenschaft	4,1	7,6%
6. Soziale Sicherung	5,5	5,4%
7. Gesundheit	1,2	1,3%
8. Kultur, Erholung, Sport	0,5	0,4%
9. Städtebau und Wohnungswesen, kommunale Gemeinschaftsdienste	2,2	2,8%
10. Wirtschaftsstruktur	3,1	2,6%
11. Verkehr	2,5	4,4%
12. Sonstige (dar. Kapitaldienste)	2,7	2,9%

Dieses Langzeitprogramm sieht eine Zunahme des Staatsanteils am Bruttosozialprodukt von rund 28 Prozent (1970) auf 34 Prozent (1985) vor.

Dieses Programm wurde zwischenzeitlich zwar kritisiert, aber es zeigt doch ganz deutlich:

»Der Preis einer Politik für den Menschen wird höher sein, als es sich viele auf Grund bisheriger Lebenserfahrung vorgestellt haben.«

Die entscheidende Frage angesichts dieser steigenden Belastungen ist: demoralisieren sie nicht die Initiativen, die Voraussetzung einer erfolgreichen Marktwirtschaft sind? Oder nähern wir uns einem Punkt, an dem niemand mehr bereit sein wird, das Übermaß an Fleiß, Sachkenntnis, Kreativität und Verantwortung einzubringen, das vorläufig noch eine Minorität Verantwortlicher einbringt und das den enormen Wohlstand unserer Gesellschaft begründet? Wie weit sind wir vom »Point of no return« noch entfernt?

Die gefährlichsten Angriffe gegen unser politisches System entstehen gegenwärtig zweifellos im akademischen Bereich. Die Autonomie der Universitäten wurde vielfach zum Freiraum revolutionärer Ideologien. Dies wurde durch die unbefriedigenden Zustände an den Universitäten, den verbreiteten Numerus Clausus und die deprimierende Lage vieler Studenten ausgelöst. Ich halte es aber für unerträglich, wenn unsere Universitäten dazu mißbraucht werden, durch wenig kompetente Minoritäten eine Revolution gegen den Willen der arbeitenden Mehrheit zu organisieren.

Die Freiheit von Forschung, Lehre und Studium kann dann nicht mehr aufrechterhalten werden, wenn

- sich ein Wissenschaftsverständnis durchsetzt, das nicht mehr auf theoretische Reflektion, sondern auf unmittelbaren Handlungsappell abzielt, und
- wenn dessen Vertreter behaupten, das »wahre Bewußtsein« zu haben und deshalb auch gegen die demokratische Legitimation vorgehen zu können glauben.

Bei aller Anerkennung für die Erledigung unserer politischen Tagesarbeit kann man unseren demokratischen Parteien den Vorwurf kaum ersparen, daß sie sich der theoretischen Begründung unseres politischen Systems und den Angriffen der Systemzerstörer nicht wirkungsvoll stellen. Diese Auseinandersetzungen waren bisher überwiegend eine Privatsache weniger, vor allem in Universitäten und Schulen.

Die Parteiprogramme bieten hier wenig:

»Parteien müssen sich als Forum der Aussprache verstehen.«

Im Artikel 21 des Grundgesetzes für die Bundesrepublik Deutschland ist festgelegt: »Die Parteien wirken bei der politischen Willensbildung des Volkes mit.« Diese Mitwirkung setzt Klarheit über den Willen der Parteien voraus. Im Jahre 1963 schrieb E. Ollenhauer[92]: »Programm und Programmehrlichkeit sind eins in der deutschen Sozialdemokratie.« Welchen Willen vertritt aber eine Partei, in deren Inneren sich zwei Fraktionen unvereinbar gegenüberstehen? Hier hat der Wähler Anspruch auf Klarheit. Wo Parteien ihre politischen Absichten nicht mehr eindeutig und glaubwürdig vertreten, da sind sie unfähig zur Erfüllung ihrer grundgesetzlichen Aufgabe.

Der JUSO-Vorsitzende W. Roth sprach (»Der Spiegel« vom 27. November 1972) unverhüllt von einem »Sternmarsch auf Bonn, warum nicht?« Darum nicht: Die Demokratie endete in Italien 1922 mit dem »Marsch auf Rom« Mussolinis. Deshalb habe ich ein grenzenloses Mißtrauen gegen radikale Führer, die einen »Marsch auf Bonn« organisieren wollen. Es kommt ja nicht darauf an, die Faschisten zu beschimpfen, vielmehr, sich von ihnen zu unterscheiden. Wenn die SPD demokratisch glaubwürdig sein will, dann muß sie zu derartigen Absichten eindeutiger Stellung beziehen.

Über die weltanschaulichen oder religiösen Hintergründe ihrer Programme sagen unsere demokratischen Parteien nur wenig, so die CDU[93]:

»Die Christlich Demokratische Union Deutschlands orientiert ihre Politik an den Grundsätzen christlicher Verantwortung. Zielsetzungen dieser Politik sind die Freiheit des einzelnen, der sich der Gemeinschaft verpflichtet weiß, die Gerechtigkeit und die Chancengleichheit für jedermann, sowie die Solidarität aller Bürger, die auf der Eigenverantwortung der Person aufbaut.«

Im »Godesberger Programm« der SPD[94] wird ausdrücklich Bezug genommen auf die christliche Ethik, den Humanismus und die klassische Philosophie. Andererseits wird darin festgestellt, die SPD »ist die Partei der Freiheit des Geistes. Sie ist eine Gemeinschaft von Menschen, die aus verschiedenen Glaubens- und Denkrichtungen kommen.«

In den »Freiburger Thesen« der FDP[95] wird zwar von »letzten Zielen« gesprochen; welche diese aber sind, bleibt unklar. Dafür artikuliert sich ein beinahe anachronistischer Aufklärungsoptimismus: Wenn man die Menschen nur von Verhaltensnormen befreit, dann werden sie immer besser.

Ich kann diesen Aufklärungsoptimismus nicht nachvollziehen; ich meine, der Glaube an die Aufklärung ist nach den Erfahrungen unserer Zeit nicht mehr glaubwürdig. Zu viele haben sich ihres Verstandes ohne Leitung anderer in krimineller Weise bedient. Das (meines Erachtens noch ungelöste) Problem der Liberalen ist es, die Grenze zu ziehen zwischen Liberalität und Unmoral, zwischen Emanzipation und Anarchie.

Was nach diesem naiven Glauben kommt: die Systemanalyse menschlichen Denkens und Handelns im Lichte historischer Erfahrung.

»Progressivität« ist eine gefährliche Verführung demokratischer Parteien. Die Wähler jubeln vor allem denen zu, die versprechen, nun endlich alles anders zu machen und alle Mühsal zu beenden. Die Erinnerung an die Versprechungen dauert selten bis zur Probe. Wie wenige Wähler durchschauen, daß die meisten Beschwernisse aus der Vielzahl unserer Ansprüche und der Enge unseres Zusammenlebens resultieren und durch keine politischen Tricks beseitigt werden können? Es ist ein undankbares Geschäft, sich gegen die progressive Euphorie zu stellen. Bisher rechtfertigten aber Vertrauen meist solche Politiker, die Beschwernisse voraussagten, während die Propheten herrlicher Zeiten meist das Gegenteil brachten.

W. von Knoeringen[96] beklagte einen »... Programmierungsnotstand der Politik. Das mangelnde Problembewußtsein unserer Politik scheint die besondere Gefahr zu kennzeichnen, in der wir uns befinden.«

H. Filbinger[97] schrieb:

»Vielleicht haben die jungen Menschen an dieser praktischen Politik den großen Horizont, den überzeugenden sozialen Impuls, den entschiedenen Willen nach sozialer Gerechtigkeit und Chancengleichheit vermißt. Verbesserung des Lebensstandards, Wirtschaftswachstum, Sicherheit der Arbeitsplätze allein konnten diesen Horizont nicht ersetzen.«

Ich halte es für leichtfertig, wenn unsere demokratischen Parteien sich weiter in vordergründiger Geschäftigkeit erschöpfen und die Grundlage ihrer Arbeit, die Existenz dieses Staates vernachlässigen. Wir müssen unser gutes politisches System bewußt vertreten und für die Hoffnung auf eine humane Gesellschaft jenseits von Kapitalismus und Kommunismus werben.

Grundsätze für unser Zusammenleben

In diesem Buch wird ein Minimalkanon der Normen unseres Zusammenlebens vorgeschlagen: ein fernes Ziel, das lange und intensive Diskussionen voraussetzt.

Die folgenden zusammenfassenden Grundsätze sind bescheidener: einige Abgrenzungen und Ziele, die unserer gegenwärtigen Situation angemessen sind.

1. Wir distanzieren uns vom unkontrollierten Kapitalismus.

Wir halten es für erwiesen, daß ein unkontrollierter Kapitalismus außerstande ist, unsere lebenswichtigen Probleme zu lösen: sozialer Friede, Chancengleichheit, Bildungsreform, Gesundheitswesen, Stadtsanierung, Umweltschutz. Angesichts der gegenwärtigen Komplexität gesellschaftlicher und politischer Probleme erwachsen optimale Lösungen nicht aus dem gebündelten Erwerbsstreben, vielmehr aus einem gesellschaftlichen Gesamtentwurf.

Wir erkennen auch an, daß in unserer Zeit eine einseitige Bestimmung wirtschaftlicher Entscheidungen durch das Kapital unerträglich ist und die arbeitenden Menschen am Entscheidungsprozeß beteiligt sein müssen.

2. Wir distanzieren uns vom Kommunismus.

Wir halten es für erwiesen, daß der Marxismus-Leninismus dort, wo er realisiert wurde, seine Versprechungen nicht eingehalten hat. Herrschaftsstrukturen wurden nicht abgebaut, sondern lediglich von anderen Herrschern übernommen, die Meinungsmanipulation ist schlimmer als andernorts, die Kreativität des einzelnen eingeschränkt, die Städte sind noch unwirtlicher, die Umwelt ist so ungeschützt wie andernorts.

Es ist sinnlos, über den Kommunismus noch theoretisch zu argumentieren. Ein politisches System muß seine Brauchbarkeit in der Praxis erweisen, in der Lösung menschlicher Probleme. Der Kommunismus hatte hierzu ausreichend Zeit.

Unsere entschiedene Abwehr gegenüber kommunistischer Indoktrination rührt auch aus der Erfahrung, daß es noch keiner Gesellschaft gelang, das kommunistische Experiment rückgängig zu machen. Man kann eben nicht versuchsweise »ein bißchen« Kommunismus haben.

Ebenso wie wir uns gegen den etablierten Kommunismus stellen, widersprechen wir auch seinen zahlreichen theoretischen Spielarten, deren gemeinsames Kennzeichen ist, daß sie unsere Gesellschaft vergiften, die Solidarität bei der Lösung unserer Probleme zerstören und schließlich doch beim doktrinären Kommunismus enden.

3. Politische Entscheidungen müssen an humanen Zielen gemessen werden.

Politische Entscheidungen dürfen weder durch die Eigengesetzlichkeiten wirtschaftlicher Strukturen bestimmt sein, noch durch historisch erledigte Theorien, sie müssen vielmehr die Bedingungen der menschlichen Existenz erfüllen. Es ist eine Aufgabe größter Wichtigkeit, hierüber mehr Klarheit als bisher zu schaffen.

Die menschliche Existenz darf hierbei nicht auf die materielle Lebensqualität reduziert werden. Ebenso muß geklärt werden, welche psychischen und sozialen Bedingungen Voraussetzungen eines wünschbaren menschlichen Lebens sind.

Hierzu schrieb der verstorbene K. Tuchel: »Es heißt freie Entfaltung der Fähigkeiten des einzelnen durch gleiche Chancen für alle im Rahmen der gesellschaftlichen Bindungen, in denen er lebt. Menschenwürdiges Überleben bedeutet auch Toleranz, Geduld, Freundschaft, Muße, Kreativität, Liebe. In einem Satz: Menschenwürdiges Leben ist ein Leben frei von Angst im Vertrauen auf eine praktizierte allgemeine menschliche Solidarität[98].«

4. Wir identifizieren uns mit dem
durch das Grundgesetz der Bundesrepublik Deutschland
bestimmten politischen System.

Der Vergleich mit anderen Ländern ebenso wie der Vergleich mit anderen Zeiten zeigt, daß unser politisches System nicht sehr schlecht, vielmehr relativ gut ist. Durch die Zerstörung dieses Systems würden unsere lebenswichtigen Probleme nicht gelöst.

Als fundamentale Prinzipien unserer freiheitlich-demokratischen Ordnung sehen wir die Unantastbarkeit der Grundrechte, die freie Meinungsäußerung, den Machtwechsel durch demokratische Wahlen, den Minderheitenschutz, den sozialstaatlichen Schutz der Schwachen und die gesellschaftliche Verantwortung des Eigentums.

Als besonderen Vorzug dieses Systems sehen wir seine Reversibilität, also die Möglichkeit, getroffene Entscheidungen wieder rückgängig zu machen, während andernorts auch bei eindeutigem Mehrheitswillen Doktrinen, Dogmen und Herrschaftsverhältnisse nicht mehr abgebaut werden können. Wir widersprechen der Behauptung, dieses System müßte an seinen »inneren Widersprüchen« zugrundegehen; wir sind vielmehr davon überzeugt, daß kein anderes System zum Abbau innerer Spannungen besser geeignet ist als unseres.

Wir sind überzeugt davon, daß dieses politische System einer humanen Entwicklung die besten Möglichkeiten bietet, allerdings auch an Intelligenz und Moral seiner Bürger die höchsten Anforderungen stellt.

5. Wir bekennen uns zur verantwortungsbewußten
Veränderung dieses Systems.

Angesichts der wechselnden politischen, sozialen, wirtschaftlichen und technischen Bedingungen muß dieses politische System fortwährend verändert werden.

Wir setzen uns deshalb für die vorausschauende Klärung der notwendigen Veränderungen und Herstellung veränderbarer Strukturen ein. Hierzu müssen wir die Trägheit des Denkens, die organisatorische Immobilität und den Egoismus von Individuen und Gruppen abbauen.

Veränderungen müssen aber mit menschlicher Solidarität und Rücksicht auf Minderheiten verwirklicht werden: Reformen brauchen viel Voraussicht und Verantwortungsbewußtsein.

Vor allem ist zu bedenken, daß die tradierten Denk- und Verhaltensformen vielfach das Ergebnis eines unermeßlichen historischen Optimierungsprozesses sind, die man nicht leichtfertig aufgeben darf.

6. Wir bekennen uns zum Leistungsprinzip.

Keine Gesellschaft kann je mehr geben, als sie leistet. Deshalb muß vor jeder Forderung an die Gesellschaft die Leistung für die Gesellschaft kommen.

Die aktuellen Probleme wie soziale Sicherheit, Gesundheitswesen, Bildungsreform, Stadtsanierung, Verkehr, Umweltschutz und Entwicklungshilfe können ohne angemessene Leistung nicht gelöst werden. Die Bürger unseres Staates sollen deshalb nach besten Kräften an der Lösung unserer Probleme mitarbeiten.

Darüber hinaus sehen wir, daß der Leistungsabbau zu einer psychischen Verarmung führt: Der Mensch wächst mit seinen Leistungen, seien es nun handwerkliche, technische, wissenschaftliche, organisatorische, sportliche, ästhetische oder moralische Leistungen.

7. Die Freiheit von Forschung, Lehre und Studium
darf nicht zum Freiraum revolutionärer Umtriebe werden.

Diese Freiheit ist dann nicht mehr aufrechtzuerhalten, wenn

- sich ein Wissenschaftsverständnis durchsetzt, das nicht auf theoretische Reflektion, sondern auf unmittelbaren Handlungsappell abzielt, und
- wenn dessen Vertreter behaupten, über das »wahre Bewußtsein« zu verfügen und deshalb glauben, auch gegen die demokratische Legitimation mit Wort und Tat vorgehen zu können.

Das Gebot des Grundgesetzes, daß die Freiheit der Lehre nicht von der Treue zur Verfassung entbindet, muß ernst genommen werden. Akademische Freiheiten sind ohne Verantwortung gegenüber der Gesellschaft nicht möglich.

8. Es kommt nicht darauf an, die Welt zu verändern,
sondern sie menschlicher zu machen.

Wir alle, die wir in dieser Gegenwart arbeiten, entscheiden, lernen oder lehren, haben Einfluß auf die Zukunft.

Hierbei kommt es nicht darauf an, orientierungslos zu verändern, sondern sich für wohlüberlegte, humane Ziele zu engagieren.

Orientierungslose Bewegung ist nicht besser, meist sogar schlechter als Starrheit.

Keine andere Verantwortung ist so schwer wie diese: Trägt unser Verhalten dazu bei, die Welt ein bißchen menschlicher zu gestalten?

Aber überschätzen wir unsere Möglichkeiten auch nicht. Es wird keinen »neuen Menschen« und keine »heile Welt« geben. Wir werden in aller Zukunft mit der Unvollkommenheit der Menschen und ihrer Einrichtungen zurechtkommen müssen.

In all dieser Unvollkommenheit müssen wir als wertvollsten Besitz die menschliche Freiheit im wirtschaftlichen, rechtlichen und politischen Bereich erhalten.

Hüten wir uns vor denen, die Veränderung schlechthin wollen, uns aber nicht sagen, wie es danach sein soll: Diese Leute wollen die Macht schlechthin, gleichgültig, was aus uns dabei wird.

Literaturhinweise

1 *A. Mitscherlich,* Die Unwirtlichkeit unserer Städte, Anstiftung zum Unfrieden, Frankfurt 1965.
2 *A. Mitscherlich,* Thesen zur Stadt der Zukunft, Frankfurt 1971.
3 *H. Hamm-Brücher,* Unfähig zur Reform?, München 1972.
4 *W. W. Bartley,* Flucht ins Engagement, München 1964.
5 *K. Steinbuch,* Programm 2000, Stuttgart 1970.
6 *P. Lindemann,* Unternehmensführung und Wirtschaftskybernetik, Neuwied und Berlin 1970. *H. Mirow,* Kybernetik, Wiesbaden 1969. *F. Naschold,* Systemsteuerung, Stuttgart, Berlin, Köln, Mainz 1969.
7 *K. W. Deutsch,* Politische Kybernetik, Freiburg 1972.
8 *E. Lang,* Zu einer kybernetischen Staatslehre, Salzburg, München 1970.
9 *J. W. Forrester,* Der teuflische Regelkreis, Stuttgart 1972. *D. Meadows,* Die Grenzen des Wachstums, Stuttgart 1972.
10 *H. Blohm,* Wechselbeziehungen zwischen Information und Organisation im Betrieb, »Nachrichten für Dokumentation«, 13. Jg., September 1962, S. 150–155.
11 *A. Gehlen,* Moral und Hypermoral, Frankfurt und Bonn 1970.
12. *E. Lemberg,* Ideologie und Gesellschaft, Stuttgart, Berlin, Köln, Mainz 1971.
13 *K. Steinbuch,* Automat und Mensch, vierte Auflage, Berlin, Heidelberg, New York 1971.
14 *K. Steinbuch,* a.a.O.
15 *E. Lemberg,* Ideologie und Gesellschaft, Stuttgart, Berlin, Köln, Mainz 1971.
16 *H. Albert,* Traktat über kritische Vernunft, Tübingen 1969.
17 *H. Pross/K. W. Boetticher,* Manager des Kapitalismus, Frankfurt 1971.
18 *H. Schoeck,* Der Neid und die Gesellschaft, Freiburg, Basel, Wien 1966.
19 *H. Gross,* Das Geistkapital, Düsseldorf und Wien 1970.
20 *H. Ludwig,* in »Die Welt« vom 22. Mai 1971.
21 *H. Lenk,* Philosophie im technologischen Zeitalter, Stuttgart 1971.
22 *H. Pross/K. W. Boetticher,* Manager des Kapitalismus, Frankfurt 1971.
23 Marxistische Philosophie, von einem Autorenkollektiv, Berlin (Ost) 1967.
24 *K. Steinbuch,* Ansätze zu einer kybernetischen Anthropologie, in »Neue Anthropologie«, hrsg. von H. G. Gadamer und P. Vogler, Stuttgart 1972.
25 *J. Monod,* Zufall und Notwendigkeit, München 1971.
26 *W. Laskowski,* Der Weg zum Menschen, Berlin 1968.
27 *O. H. Schindewolf,* Phylogenie und Anthropologie aus paläontologischer Sicht, in »Neue Anthropologie«, hrsg. von H. G. Gadamer und P. Vogler, Stuttgart 1972.
28 *A. M. Turing,* Computing machinery and intelligence, Mind 59, 1950, H. 236, S. 433–460. *A. M. Turing,* Can a machine think? The world of mathematics, New York, N. Y. 1956, S. 2099–2123.
29 *C. E. Shannon/W. Weaver,* Mathematical theory of communication, Urbana, Ill.
30 *N. Wiener,* Kybernetik, Düsseldorf und Wien 1963.
31 *N. Hartmann,* Neue Wege der Ontologie, Stuttgart 1949.
32 *K. Steinbuch,* Die informierte Gesellschaft, Stuttgart 1969.
33 Das Informationsbankensystem, Bericht der Interministeriellen Arbeitsgruppe beim Bundesministerium des Inneren, Köln, Berlin, Bonn, München 1971.
34 *F. de Closets,* Vorsicht Fortschritt, Frankfurt 1971.
35 *D. Prokop* (Hrsg.), Massenkommunikationsforschung, 1: Produktion, Frankfurt 1972.
36 *D. Prokop* (Hrsg.), a.a.O.
37 *H. Marcuse,* Der eindimensionale Mensch, Neuwied und Berlin 1967.
38 *K. Steinbuch,* Mensch, Technik, Zukunft, Stuttgart 1971.
39 *E. Eucken-Erdsiek,* Die Macht der Minderheiten, Freiburg, Basel, Wien 1970.

40 *E. Benda,* Der Rechtsstaat in der Krise, Stuttgart 1972.
41 *G. Baumann,* Das Verhältnis Jugendlicher zu den Massenmedien, in »ZV + ZV« vom 29. April 1972, S. 708–712.
42 *E. Nolte* (Hrsg.), Deutsche Universitäten 1969, Marburg 1969.
43 *R. Löwenthal,* in der »Berliner Stimme«, Sozialdemokratisches Forum vom 26. Februar 1972.
44 *E. Benda,* Der Rechtsstaat in der Krise, Stuttgart 1972.
45 *H. Schoeck,* Vorsicht Schreibtischtäter, Stuttgart 1972.
46 *F. Vester,* Das Überlebensprogramm, München 1972.
47 *J. Habermas,* Technik und Wissenschaft als »Ideologie«, Frankfurt 1969.
48 *H. Marcuse,* Der eindimensionale Mensch, Neuwied und Berlin 1967. *J. Habermas,* Technik und Wissenschaft als »Ideologie«, Frankfurt 1969.
49 *K. Steinbuch,* (Hrsg.), SYSTEMS 69, Stuttgart 1970.
50 *S. C. Brown,* Count Rumford, Physicist Extraordinary, Garden City, N. Y.
51 *K. Steinbuch,* Mensch, Technik, Zukunft, Stuttgart 1971.
52 *R. Carson,* Der stumme Frühling, München 1970.
53 *C. Holzhauer,* Die stille Revolution, Köln 1972.
54 *G. von Kortzfleisch/K. Tuchel* (Hrsg.), Wirtschaftliche und gesellschaftliche Auswirkungen des technischen Fortschritts, Düsseldorf 1971.
55 *G. von Kortzfleisch/K. Tuchel,* a.a.O.
56 *F. H. Tenbruck,* Zur Kritik der planenden Vernunft, Freiburg und München 1972.
57 *G. Feinberg,* Projekt Prometheus, Olten und Freiburg 1970.
58 *H. L. Merkle,* Über die Vernunft des Unternehmers, Vortrag anläßlich der Unternehmertage Baden-Württemberg 7. bis 9. Juni 1971 in Freiburg i. Br.
59 *E. Eppler.* Die Qualität des Lebens, Ansprache auf der 4. Internationalen Arbeitstagung der Industriegewerkschaft Metall am 11 April 1972.
60 Aus »Dialog mit dem Zuschauer«, Auszüge aus Referaten und einer Podiumsdiskussion anläßlich Interpublika 1971, Redaktion *K. H. Kaesbach,* München 1971.
61 *H. Swoboda,* Utopia, Wien 1972.
62 *D. Meadows.* Die Grenzen des Wachstums, Stuttgart 1972.
63 *E. Eucken-Erdsiek,* Die Macht der Minderheiten, Freiburg, Basel, Wien 1970.
64 »Bild der Wissenschaft«, Heft 7, Juli 1971.
65 »Die Welt« vom 6. Oktober 1972.
66 *Christlich Demokratische Union Deutschlands* (Hrsg.), CDU-Dokumentation, vierte Auflage 1972. *D. Rollmann* (Hrsg.), Die Zukunft der CDU, Hamburg 1968. *Landesleitung der CSU* (Hrsg.), CSU-Grundsatz-Programm. *K. H. Flach/W. Maihofer/W. Scheel,* Die Freiburger Thesen der Liberalen, Hamburg 1972. *Vorstand der Sozialdemokratischen Partei Deutschlands* (Hrsg.), Grundsatz-Programm der SPD (»Godesberger Programm«), Bonn 11/59. *Parteivorstand der SPD* (Hrsg.), Entwurf eines ökonomisch-politischen Orientierungsrahmens für die Jahre 1973 bis 1985, Bonn Juni 1972. *Bundessekretariat der Jungsozialisten* (Hrsg.), Programme der deutschen Sozialdemokratie, 1963.
67 *G. Benn,* Provoziertes Leben, Berlin 1959.
68 *Bundessekretariat der Jungsozialisten* (Hrsg.), Programme der deutschen Sozialdemokratie, 1963.
69 *K. Steinbuch u. a.,* Die humane Gesellschaft – Jenseits von Kapitalismus und Kommunismus, hrsg. von *Klaus Lubkoll* und *Kurt Naumann,* Stuttgart 1972.
70 *Vorstand der Sozialdemokratischen Partei Deutschlands* (Hrsg.), Grundsatzprogramm der SPD (»Godesberger Programm«), Bonn 11/59.
71 *D. Rollmann* (Hrsg.), Die Zukunft der CDU, Hamburg 1968.
72 *C. Gerstenmaier,* Die Stimme der Stummen, Stuttgart 1972.
73 *H. Weigel,* Vorschläge für den Weltuntergang, Salzburg 1969.
74 *Bundessekretariat der Jungsozialisten* (Hrsg.), Programme der deutschen Sozialdemokratie, 1963.

75 *Vorstand der Sozialdemokratischen Partei Deutschlands* (Hrsg.), Grundsatzprogramm der SPD (»Godesberger Programm«), Bonn 11/59.
76 *K. H. Flach/W. Maihofer/W. Scheel,* Die Freiburger Thesen der Liberalen, Hamburg 1972.
77 *E. Eppler,* Die Qualität des Lebens, Ansprache auf der 4. Internationalen Arbeitstagung der Industriegewerkschaft Metall am 11. April 1972.
78 *J. W. Forrester,* Der teuflische Regelkreis, Stuttgart 1972. *D. Meadows,* Die Grenzen des Wachstums, Stuttgart 1972.
79 *R. F. Behrendt,* Lob des Westens, Zürich 1971.
80 *K. H. Flach/W. Maihofer/W. Scheel,* Die Freiburger Thesen der Liberalen, Hamburg 1972.
81 *Vorstand der Sozialdemokratischen Partei Deutschlands* (Hrsg.), Grundsatz-Programm der SPD (»Godesberger Programm«), Bonn 11/59.
82 *W. von Knoeringen* (Hrsg.), Geplante Zukunft?, Hannover 1968.
83 *D. Rollmann* (Hrsg.), Die Zukunft der CDU, Hamburg 1968.
84 *Christlich Demokratische Union Deutschlands* (Hrsg.), CDU-Dokumentation, vierte Auflage 1972.
85 *Landesleitung der CSU* (Hrsg.), CSU-Grundsatz-Programm, München 1968.
86 *Vorstand der Sozialdemokratischen Partei Deutschlands* (Hrsg.), Grundsatz-Programm der SPD (»Godesberger Programm«), Bonn 11/59.
87 *Christlich Demokratische Union Deutschlands* (Hrsg.), CDU-Dokumentation, vierte Auflage 1972.
88 *Christlich Demokratische Union Deutschlands* (Hrsg.), a.a.O.
89 *Vorstand der Sozialdemokratischen Partei Deutschlands* (Hrsg.), Grundsatz-Programm der SPD (»Godesberger Programm«), Bonn 11/59.
90 *K. H. Flach/W. Maihofer/W. Scheel,* Die Freiburger Thesen der Liberalen, Hamburg 1972.
91 *Parteivorstand der SPD* (Hrsg.), Entwurf eines ökonomisch-politischen Orientierungsrahmens für die Jahre 1973 bis 1985, Bonn Juni 1972.
92 *Bundessekretariat der Jungsozialisten* (Hrsg.), Programme der deutschen Sozialdemokratie, 1963.
93 *Christlich Demokratische Union Deutschlands* (Hrsg.), CDU-Dokumentation, vierte Auflage 1972.
94 *Vorstand der Sozialdemokratischen Partei Deutschlands* (Hrsg.), Grundsatz-Programm der SPD (»Godesberger Programm«), Bonn 11/59.
95 *K. H. Flach/W. Maihofer/W. Scheel,* Die Freiburger Thesen der Liberalen, Hamburg 1972.
96 *W. von Knoeringen* (Hrsg.), Geplante Zukunft?, Hannover 1968.
97 *H. Filbinger,* Entscheidung zur Freiheit, Stuttgart 1972.
98 *K. Tuchel,* Ziele und Aufgaben einer Philosophie der Gesellschaft, in »Frankfurter Hefte« 25. Jg., Heft 5, Mai 1970, S. 319–325.

Quellenhinweis:

Vier Kapitel dieses Buches beruhen gedanklich auf Arbeiten, die der Verfasser in den Jahren 1971/72 in kürzeren und zum Teil anders formulierten Fassungen veröffentlicht hat. Die Arbeiten erschienen wie folgt: das 3. Kapitel als Aufsatz in der Zeitschrift »Plus« vom Oktober 1971; das 6. Kapitel als Artikel in der »Welt« vom 20. November 1971; das 8. Kapitel in den »Bayer-Berichten« 29/1972; das 9. Kapitel als Vortrag, gehalten am 25. Juni 1972 in der Evangelischen Akademie Bad Boll, gedruckt in: Karl Steinbuch (und andere), Die humane Gesellschaft – Jenseits von Kapitalismus und Kommunismus (Seewald Verlag, Stuttgart 1972).

Karl Steinbuch (und andere)
Die humane Gesellschaft

Jenseits von Kapitalismus und Kommunismus

Ein gesellschaftspolitisches Forum mit Karl Steinbuch in der Evangelischen Akademie Bad Boll. Mit Diskussionsbeiträgen von Peter Glotz, Richard Löwenthal, Kurt Naumann, Ernst Oldemeyer, Eberhard Stammler, Werner Maihofer, Johannes Ickert und Helmut Gehrke. Herausgegeben von Klaus Lubkoll und Kurt Naumann.

Dies ist ein Buch, in dem und an dem sich die Geister scheiden. Es beginnt mit dem aufsehenerregenden offenen Briefwechsel zwischen Professor Steinbuch und Bundeskanzler Willy Brandt. In der daran anschließenden Dokumentation eines gesellschaftspolitischen Forums nimmt Steinbuch Gelegenheit, seine vom Bundeskanzler teilweise energisch bestrittenen Thesen nochmals zu begründen und sein Plädoyer für eine humane Gesellschaft im Streitgespräch mit seinen Kritikern vorzutragen. Kein Leser wird sich dem Bann des Wettkampfs der Ideen und Meinungen entziehen können, der in diesem Buch ausgetragen wird.

»Professor Karl Steinbuch ist einer jener Denker und Wissenschaftler, die sich nicht in den ›Elfenbeinturm‹ der Gelehrten zurückgezogen haben, sondern leidenschaftlich zu Problemen der Zeit Stellung nehmen und den Verantwortlichen in Staat und Gesellschaft freie und schockierende Fragen stellen ... Wir halten diese Publikation für ebenso dringlich wie zeitgemäß.« »Probleme der Zeit«, Stuttgart

»Die Warnungen Professor Steinbuchs und seiner Freunde werden sehr ernst genommen. Die von ihm ausgelöste Diskussion geht weiter. Eine jener fruchtbaren Diskussionen, durch die sich die Demokratie westlichen Zuschnitts immer wieder selbst in Frage stellt und die den Vorteil hat, daß sie auf offenem Markt ausgetragen wird. Bücher wie das von Prof. Karl Steinbuch tragen dazu bei, immer breiteren Schichten bewußt zu machen, daß das Hauptproblem der Gegenwart darin besteht, neue Formen des gesellschaftlichen Zusammenlebens zu finden.«

»Deutsche Welle«, Köln